飞鹰传媒
AQUILA·MEDIA

绿色贝雷帽

GREEN BERET

方戟 ◎ 编著

航空工业出版社
北京

前言

人类的历史就是一部战争史。

战争既给人类带来了深重的灾难，也推动了人类历史的不断发展。战争不是天使，战争也不是魔鬼。无论我们喜欢与否，都必须去面对它，去了解它，去掌握它。只有这样，战争才会真正离我们远去，和平才不会成为一纸空文。

中华民族是一个尚武的民族。在中华文明的早期，尚武的精神盛行于国家的各个阶层，渗透进社会的每一个毛孔，并最终催生了辉煌灿烂的汉唐盛世。后来，随着文明逐渐衰老，尚武精神也消磨殆尽，中国从此走上了长达千年的积弱、屈辱历程。

今天，我们再次走到十字路口。

冷战已经结束二十多年了，但世界和平并未来临。相反，一个新的战国时代正在缓缓拉开帷幕。经过数十年的韬光养晦、埋头发展，

今天的中国已然身处世界舞台的中央，影响举足轻重。但大国的崛起从来都不会一帆风顺，在我们身边，众多对手虎视眈眈。一着不慎，满盘皆输。选择对了，我们的国家和文明将迎来伟大的复兴和腾飞；选择错了，则将又一次陷入遥遥无期的等待之中。

强大的国家需要强大的国防，而国防的根本是人。只有我们每个人都具备了应有的国防知识和军事素质，我们的国防才能固若金汤。正是出于这样的考虑，我们邀请国内各军事领域的顶尖专家，合作编写了这套《飞鹰军事百科》系列丛书。这套丛书涵盖古今中外的各个军事领域，以科学的态度、活泼的文风，结合大量精美图片，为读者提供人类战争史上的各种军事知识，带领大家认识战争的真相。

我们相信，这样一部精心之作一定会赢得广大读者的喜欢！

PREFACE

目录

CONTENTS

01 第一章 概况

78 第二章 选拔与训练

136 第三章 历史和现状 》

北卡罗来纳州布拉格堡，一名参加 CQB 训练的绿色贝雷帽队员准备突入建筑。他的 M4A1 卡宾枪上装有 ECOS-N 瞄准镜、M203 型榴弹发射器、战术手电和 PEQ-2 红外激光器。

第一章 >>

01 概况

部队概况

陆军特种部队 (Army Special Forces) 是美国陆军特种作战司令部（United States Army Special Operations Command, 简称 USASOC）下辖的一支精锐特种部队。由于其成员都佩戴标志性的绿色贝雷帽，又被称为“绿色贝雷帽”（Green Beret）部队。作为美国唯一一支受训进行非常规战争的特种作战部队（Special Operations Force，简称 SOF），陆军特种部队的主要任务是在被占领国家中训练和领导非常规战争力量或地下游击队。这是特种部队最初的也是最重要的任务。

陆军特种部队的前身最早可追溯到二战时期战略服务局（Office of Strategic Services，简称 OSS）下辖的行动群和杰德堡小队，它们都是美国最早的非常规作战部队。战略服务局致力于在敌人战线后方收集情报并实施秘密行动，以支援欧洲和缅甸的盟军部队。1947 年，战略服务局被改组为中央情报局（Central Intelligence Agency，简称 CIA）。二战之后，曾在战略服务局服务的艾伦·班克上校、文德尔·菲尔蒂西上校及拉塞尔·W·布莱克博恩中校等人运用他们在战时获得的经验，制定了非传统战争指南，该指南后来成为特种部队的奠基石。

1951 年，罗伯特·A·麦克卢克少将任命艾伦·班克上校为五角大楼心理战中心特种作战部负责人。在班克上校的指导下，第 10 特种部队群（空降）于 1952 年 6 月在布拉格堡组建。与此同时，心理战学校也成立了，后来演变为约翰·F·肯尼迪特种作战中心和学校（John F. Kennedy Special Warfare Center and School)。1953 年 9 月，第 10 特种部队群（空降）大部分人员部署到了德国的巴特特尔兹，而留在布拉格堡的骨干们则成立了第 77 特种部队群，该

▲ 2011 年 11 月 17 日，阿灵顿国家公墓约翰·肯尼迪总统墓地，来自美国陆军 7 个特种部队群的代表整齐列队，以纪念肯尼迪总统和陆军特种部队之间的信任和友谊。正是由于肯尼迪总统，他们才有了另一个标志性的称呼——“绿色贝雷帽”。

▲ 参加纽约第五大街庆祝游行的陆军特种部队老兵，骑马铜像是陆军特种部队的标志。

部队在 1960 年 5 月被改编为第 7 特种部队群，并活跃至今。第 10 特种部队群是美国部署的第一支特种部队，其任务是在西欧遭到华沙公约组织进攻时，在敌人后方开展非常规战争。在美国卷入东南亚战争后，人们意识到那些受训领导游击作战的游击战专家也可以帮助东道国军队抵御地方游击队的骚扰和进攻。因此，“绿色贝雷帽”的任务序列中又增加了外国内部防御（Foreign Internal Defense，简称 FID）任务。在执行 FID 任务时，“绿色贝雷帽”和东道国的武装力量协作，执行从反游击作战到为战斗司令部提供间接支援等一系列任务。作为特种作战部队，“绿色贝雷帽”也具备进行直接行动的能力，但在这方面，游骑兵等部队显然更为擅长。此外，他们还要经受特种侦察、维和、反恐、反扩散、缉毒顾问以及其它一些特殊训练。这使得他们成为战场上名副其实的“多面手”。

经过六十余年的努力发展，陆军特种部队已经成为美国武装力量中一支影响举足轻重的精锐部队，下辖 5 个陆军现役特种部队群（第 1、3、5、7、10 特种部队群）和 2 个陆军国民警卫队（Army National Guard，简称 ARNG）特种部队群（第 19、20 特种部队群）。陆军特种部队将全球划分为若干个区域，每个特种部队群负责其中一个。因此，每名成员不仅需要具备高超的作战技能，还必须接受其所在部队群责任区域（Area of Resposibility，简称 AOR）内的语言和文化的密集训练。鉴于反恐战争对特种作战部队需求量的不断增加，所有特种部队群（包括国民警卫队第19、20特种部队群）都会被部署到他们的行动区域（Area of Operation，简称AO）之外，尤其是伊拉克和阿富汗。一份近期发布的报告显示，陆军特种部队或许是美国特种作战司令部麾下最经常使用的特种作战部队。在各个特种部队群中，海外服役时间占总服役时间的比例高达75%的人员均不在少数，而其海外服役地区几乎都是伊拉克和阿富汗。

▲ 位于佛罗里达州麦克迪尔空军基地的特种作战纪念碑（Special Operations Memorial）空中鸟瞰图。特种作战纪念碑修建于1997年，2007年又进行了改造。该纪念碑是美国唯一一个联合特种作战纪念碑。纪念碑上刻有光荣牺牲的“荣誉勋章”获得者，以及在战斗中或训练中丧生的特种部队成员的名字。

陆军特种部队下属的各特种部队群均隶属于某个联合作战司令部或某个战区。作为一种战略性资源，陆军特种部队并不受作战当地地面部队指挥官的指挥，而是直接向美国特种作战司令部或地区联合作战司令部或其它的高级别指挥机构汇报。在实战中，他们经常与美国陆军和其它军种的特种部队一起展开行动，也包括外军的特种部队。陆军特种部队非常注重和外军的合作。在该部队的两项主要任务中，非常规战争和外国内部防御都必须与外国军队合作，这对官兵们的语言、文化和训练技能提出了很高的要求。

在所有这些合作中，最著名、最神秘的莫过于和中央情报局（CIA）的合作。中情局和陆军特种部队联手开展行动的历史可以追溯到越战时期著名的美国驻越顾问司令部研究观察群（MACV-SOG）。今天，这种合作依然存在，包括最近的伊拉克和阿富汗战场。当然，双方的合作并不仅限于行动层面，也包括人员交流。隶属于中情局的高度保密的部门——特殊行动部（Special Activities Division，简称SAD）就从“绿色贝雷帽”中招募成员。这种情况在SAD下辖的精锐的特种作战群（Special Operations Group，简称SOG）中尤为常见。

陆军特种部队现有及历史特种部队群列表

标识	现有部队
	第 1 特种部队群——总部及第 2、3、4 营位于华盛顿州的李维斯 - 麦克科德联合基地，第 1 营部署在冲绳鸟居基地。第 1 特种部队群主要负责太平洋地区，通常从太平洋司令部（PACOM）处领受任务。目前，第 1 特种部队群总部及其下属的两个营每年约有六个月轮流在伊拉克、阿富汗或菲律宾开展任务。在伊拉克，他们隶属于阿拉伯半岛联合特种作战特遣队（Combined Joint Special Operations Task Force-Arabian Peninsula，简称 CJSOTF-AP），在阿富汗时隶属于阿富汗联合特种作战特遣队（Combined Joint Special Operations Task Force -Afghanistan，简称 CJSOTF-A），在菲律宾时则隶属于菲律宾联合特种作战特遣队（Joint Special Operations Task Force-Philippines，简称 JSOTF-P）。
	第 3 特种部队群——总部位于北卡罗来纳州的布拉格堡。理论上说，第 3 特种部队群主要负责除非洲之角以外的撒哈拉以南非洲地区，即美国非洲司令部（AFRICOM）所辖地区。但实际上，第 3 特种部队群总部及其下属的两个营每年约有六个月的时间作为阿富汗联合特种作战特遣队的组成部分在阿富汗执行任务。
	第 5 特种部队群——总部位于肯塔基州的坎贝尔堡。第 5 特种部队群主要负责中东地区、波斯湾、中亚地区和非洲之角，常常领受美国中央司令部（CENTCOM）的任务。目前，第 5 特种部队群总部及其下属的两个营每年约有六个月的时间作为阿拉伯半岛联合特种作战特遣队的组成部分在伊拉克执行任务。
	第 7 特种部队群——总部位于佛罗里达州的埃格林空军基地。第 7 特种部队群主要负责西半球，包括美国南方司令部（USSOUTHCOM）负责的南美洲、中美洲和加勒比海地区以及美国北方司令部（USNORTHCOM）负责的北美地区。实际上，第 7 特种部队群总部及其下属的两个营每年约有六个月的时间作为阿富汗联合特种作战特遣队的组成部分在阿富汗执行任务。2011 年，作为 2005 年基地重组和关闭（Base Realignment and Closure，简称 BRAC）计划的一部分，第 7 特种部队群从北卡罗来纳州的布拉格堡搬至佛罗里达州的埃格林空军基地。

第 10 特种部队群——总部及第 2、3、4 营位于科罗拉多州的卡森基地，其中第 4 营是新建营。第 1 营目前部署在装甲基地（Panzer Kaserne），该基地位于德国斯图加特市附近的波布林根。理论上，第 10 特种部队群主要负责欧洲地区（欧洲司令部辖区）和北非地区，尤其是中欧和东欧的巴尔干地区、土耳其、以色列和黎巴嫩等。实际上，第 10 特种部队群总部及其下属的两个营每年约有六个月的时间作为阿拉伯半岛联合特种作战特遣队的组成部分在伊拉克执行任务。

第 19 特种部队群——该群是仅有的两个国民警卫队特种部队群之一，总部位于犹他州的德雷柏，其下属的连位于华盛顿州、西弗吉尼亚州、俄亥俄州、罗德岛州、科罗拉多州、加利福尼亚州和德克萨斯州等地。第 19 特种部队群主要负责西南亚（与第 5 特种部队群合作）、欧洲（与第 10 特种部队群合作）和东南亚（与第 1 特种部队群合作）。

第 20 特种部队群——该群是仅有的两个国民警卫队特种部队群之一，总部位于阿拉巴马州伯明翰，其第 1 营位于阿拉巴马州，第 2 营位于密西西比州，第 3 营位于佛罗里达州，其下一些连和分遣队则分布在北卡罗来纳州、伊利诺伊州芝加哥市、肯塔基州路易斯维尔市、马萨诸塞州和马里兰州巴尔的摩市等地。第 20 特种部队群的责任区覆盖 32 个国家，包括墨西哥以南的拉丁美洲、加勒比海沿岸、墨西哥湾以及大西洋西南部。其负责地区有部分与第 7 特种部队群重合。

历史部队

第 6 特种部队群——活跃于 1963 年至 1971 年，以北卡罗来纳州的布拉格堡为基地，责任区域包括西南亚（伊拉克、伊朗等）和东南亚。越战期间著名的“山西劫俘”行动的 103 名志愿者中，许多来自该特种部队群。

第 8 特种部队群——活跃于 1963 年至 1972 年，负责为拉丁美洲国家军队进行反暴乱战术培训。

第 11 特种部队群——活跃于 1961 年至 1994 年。

第 12 特种部队群——活跃于 1961 年至 1994 年。

组织架构

美国陆军特种部队司令部组织架构

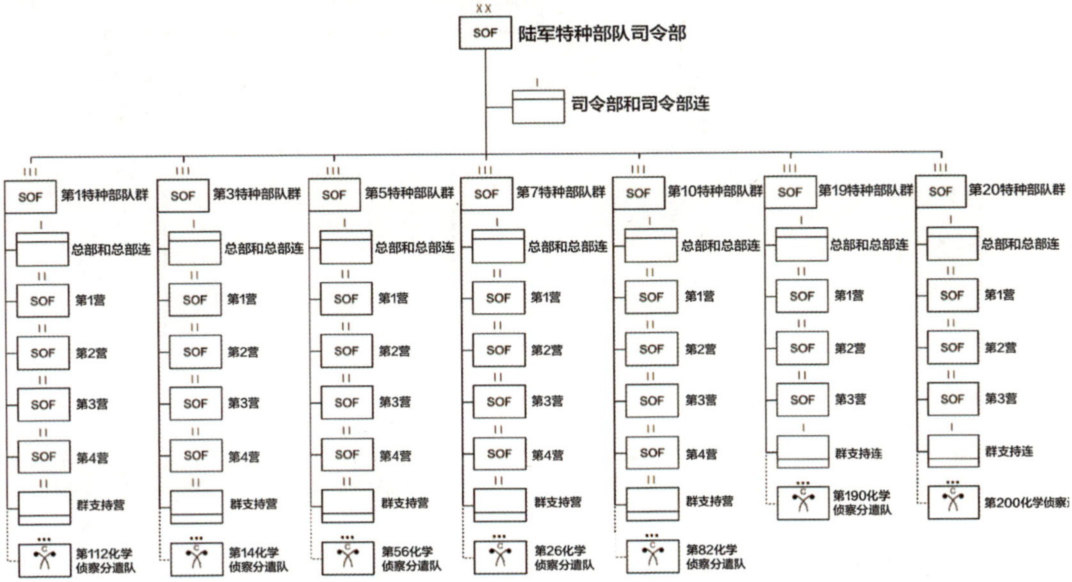

第 1 特种部队群组织架构

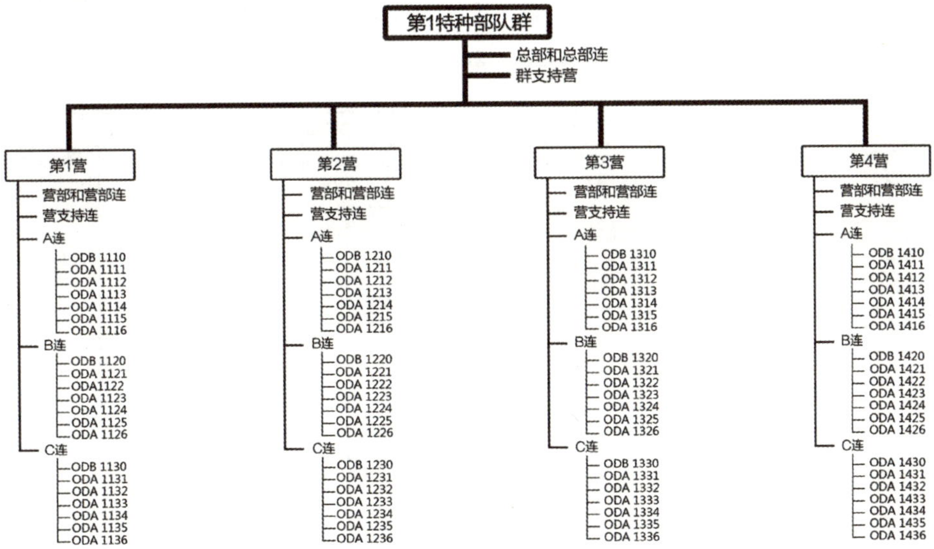

第 3 特种部队群组织架构

第3特种部队群
- 总部和总部连
- 群支持营

第1营
- 营部和营部连
- 营支持连
- A连
  - ODB 3110
  - ODA 3111
  - ODA 3112
  - ODA 3113
  - ODA 3114
  - ODA 3115
  - ODA 3116
- B连
  - ODB 3120
  - ODA 3121
  - ODA 3122
  - ODA 3123
  - ODA 3124
  - ODA 3125
  - ODA 3126
  - ODA 3127
- C连
  - ODB 3130
  - ODA 3131
  - ODA 3132
  - ODA 3133
  - ODA 3134
  - ODA 3135
  - ODA 3136

第2营
- 营部和营部连
- 营支持连
- A连
  - ODB 3210
  - ODA 3211
  - ODA 3212
  - ODA 3213
  - ODA 3214
  - ODA 3215
  - ODA 3216
- B连
  - ODB 3220
  - ODA 3221
  - ODA 3222
  - ODA 3223
  - ODA 3224
  - ODA 3225
  - ODA 3226
- C连
  - ODB 3230
  - ODA 3231
  - ODA 3232
  - ODA 3233
  - ODA 3234
  - ODA 3235
  - ODA 3236

第3营
- 营部和营部连
- 营支持连
- A连
  - ODB 3310
  - ODA 3311
  - ODA 3312
  - ODA 3313
  - ODA 3314
  - ODA 3315
  - ODA 3316
- B连
  - ODB 3320
  - ODA 3321
  - ODA 3322
  - ODA 3323
  - ODA 3324
  - ODA 3325
  - ODA 3326
- C连
  - ODB 3330
  - ODA 3331
  - ODA 3332
  - ODA 3333
  - ODA 3334
  - ODA 3335
  - ODA 3336

第4营
- 营部和营部连
- 营支持连
- A连
  - ODB 3410
  - ODA 3411
  - ODA 3412
  - ODA 3413
  - ODA 3414
  - ODA 3415
  - ODA 3416
- B连
  - ODB 3420
  - ODA 3421
  - ODA 3422
  - ODA 3423
  - ODA 3424
  - ODA 3425
  - ODA 3426
- C连
  - ODB 3430
  - ODA 3431
  - ODA 3432
  - ODA 3433
  - ODA 3434
  - ODA 3435
  - ODA 3436

第 5 特种部队群组织架构

第5特种部队群
- 总部和总部连
- 群支持营

第1营
- 营部和营部连
- 营支持连
- A连
  - ODB 5110
  - ODA 5111
  - ODA 5112
  - ODA 5113
  - ODA 5114
  - ODA 5115
  - ODA 5116
- B连
  - ODB 5120
  - ODA 5121
  - ODA 5122
  - ODA 5123
  - ODA 5124
  - ODA 5125
  - ODA 5126
- C连
  - ODB 5130
  - ODA 5131
  - ODA 5132
  - ODA 5133
  - ODA 5134
  - ODA 5135
  - ODA 5136

第2营
- 营部和营部连
- 营支持连
- A连
  - ODB 5210
  - ODA 5211
  - ODA 5212
  - ODA 5213
  - ODA 5214
  - ODA 5215
  - ODA 5216
- B连
  - ODB 5220
  - ODA 5221
  - ODA 5222
  - ODA 5223
  - ODA 5224
  - ODA 5225
  - ODA 5226
- C连
  - ODB 5230
  - ODA 5231
  - ODA 5232
  - ODA 5233
  - ODA 5234
  - ODA 5235
  - ODA 5236

第3营
- 营部和营部连
- 营支持连
- A连
  - ODB 5310
  - ODA 5311
  - ODA 5312
  - ODA 5313
  - ODA 5314
  - ODA 5315
  - ODA 5316
- B连
  - ODB 5320
  - ODA 5321
  - ODA 5322
  - ODA 5323
  - ODA 5324
  - ODA 5325
  - ODA 5326
- C连
  - ODB 5330,
  - ODA 5331
  - ODA 5332
  - ODA 5333
  - ODA 5334
  - ODA 5335
  - ODA 5336

第4营
- 营部和营部连
- 营支持连
- A连
  - ODB 5410
  - ODA 5411
  - ODA 5412
  - ODA 5413
  - ODA 5414
  - ODA 5415
  - ODA 5416
- B连
  - ODB 5420
  - ODA 5421
  - ODA 5422
  - ODA 5423
  - ODA 5424
  - ODA 5425
  - ODA 5426
- C连
  - ODB 5430
  - ODA 5431
  - ODA 5432
  - ODA 5433
  - ODA 5434
  - ODA 5435
  - ODA 5436

第 7 特种部队群组织架构

- 第7特种部队群
  - 总部和总部连
  - 群支持营
  - 第1营
    - 营部和营部连
    - 营支持连
    - A连
      - ODB 7110
      - ODA 7111
      - ODA 7112
      - ODA 7113
      - ODA 7114
      - ODA 7115
      - ODA 7116
    - B连
      - ODB 7120
      - ODA 7121
      - ODA 7122
      - ODA 7123
      - ODA 7124
      - ODA 7125
      - ODA 7126
    - C连
      - ODB 7130
      - ODA 7131
      - ODA 7132
      - ODA 7133
      - ODA 7134
      - ODA 7135
      - ODA 7136
  - 第2营
    - 营部和营部连
    - 营支持连
    - A连
      - ODB 7210
      - ODA 7211
      - ODA 7212
      - ODA 7213
      - ODA 7214
      - ODA 7215
      - ODA 7216
    - B连
      - ODB 7220
      - ODA 7221
      - ODA 7222
      - ODA 7223
      - ODA 7224
      - ODA 7225
      - ODA 7226
    - C连
      - ODB 7230
      - ODA 7231
      - ODA 7232
      - ODA 7233
      - ODA 7234
      - ODA 7235
      - ODA 7236
  - 第3营
    - 营部和营部连
    - 营支持连
    - A连
      - ODB 7310
      - ODA 7311
      - ODA 7312
      - ODA 7313
      - ODA 7314
      - ODA 7315
      - ODA 7316
    - B连
      - ODB 7320
      - ODA 7321
      - ODA 7322
      - ODA 7323
      - ODA 7324
      - ODA 7325
      - ODA 7326
    - C连
      - ODB 7330
      - ODA 7331
      - ODA 7332
      - ODA 7333
      - ODA 7334
      - ODA 7335
      - ODA 7336
  - 第4营
    - 营部和营部连
    - 营支持连
    - A连
      - ODB 7410
      - ODA 7411
      - ODA 7412
      - ODA 7413
      - ODA 7414
      - ODA 7415
      - ODA 7416
    - B连
      - ODB 7420
      - ODA 7421
      - ODA 7422
      - ODA 7423
      - ODA 7424
      - ODA 7425
      - ODA 7426
    - C连
      - ODB 7430
      - ODA 7431
      - ODA 7432
      - ODA 7433
      - ODA 7434
      - ODA 7435
      - ODA 7436

第 10 特种部队群组织架构

- 第10特种部队群
  - 总部和总部连
  - 群支持营
  - 第1营
    - 营部和营部连
    - 营支持连
    - A连
      - ODB 0110
      - ODA 0111
      - ODA 0112
      - ODA 0113
      - ODA 0114
      - ODA 0115
      - ODA 0116
    - B连
      - ODB 0120
      - ODA 0121
      - ODA 0122
      - ODA 0123
      - ODA 0124
      - ODA 0125
      - ODA 0126
    - C连
      - ODB 0130
      - ODA 0131
      - ODA 0132
      - ODA 0133
      - ODA 0134
      - ODA 0135
      - ODA 0136
  - 第2营
    - 营部和营部连
    - 营支持连
    - A连
      - ODB 0210
      - ODA 0211
      - ODA 0212
      - ODA 0213
      - ODA 0214
      - ODA 0215
      - ODA 0216
    - B连
      - ODB 0220
      - ODA 0221
      - ODA 0222
      - ODA 0223
      - ODA 0224
      - ODA 0225
      - ODA 0226
    - C连
      - ODB 0230
      - ODA 0231
      - ODA 0232
      - ODA 0233
      - ODA 0234
      - ODA 0235
      - ODA 0236
  - 第3营
    - 营部和营部连
    - 营支持连
    - A连
      - ODB 0310
      - ODA 0311
      - ODA 0312
      - ODA 0313
      - ODA 0314
      - ODA 0315
      - ODA 0316
    - B连
      - ODB 0320
      - ODA 0321
      - ODA 0322
      - ODA 0323
      - ODA 0324
      - ODA 0325
      - ODA 0326
    - C连
      - ODB 0330
      - ODA 0331
      - ODA 0332
      - ODA 0333
      - ODA 0334
      - ODA 0335
      - ODA 0336
  - 第4营
    - 营部和营部连
    - 营支持连
    - A连
      - ODB 0410
      - ODA 0411
      - ODA 0412
      - ODA 0413
      - ODA 0414
      - ODA 0415
      - ODA 0416
    - B连
      - ODB 0420
      - ODA 0421
      - ODA 0422
      - ODA 0423
      - ODA 0424
      - ODA 0425
      - ODA 0426
    - C连
      - ODB 0430
      - ODA 0431
      - ODA 0432
      - ODA 0433
      - ODA 0434
      - ODA 0435
      - ODA 0436

第 19 特种部队群组织架构

- 第19特种部队群
  - 总部和总部连
  - 群支持连
  - 第1营
    - 营部和营部连
    - 营支持连
    - A连
      - ODB 9110
      - ODA 9111
      - ODA 9112
      - ODA 9113
      - ODA 9114
      - ODA 9115
      - ODA 9116
    - B连
      - ODB 9120
      - ODA 9121
      - ODA 9122
      - ODA 9123
      - ODA 9124
      - ODA 9125
      - ODA 9126
    - C连
      - ODB 9130
      - ODA 9131
      - ODA 9132
      - ODA 9133
      - ODA 9134
      - ODA 9135
      - ODA 9136
  - 第2营
    - 营部和营部连
    - 营支持连
    - A连
      - ODB 9210
      - ODA 9211
      - ODA 9212
      - ODA 9213
      - ODA 9214
      - ODA 9215
      - ODA 9216
    - B连
      - ODB 9220
      - ODA 9221
      - ODA 9222
      - ODA 9223
      - ODA 9224
      - ODA 9225
      - ODA 9226
    - C连
      - ODB 9230
      - ODA 9231
      - ODA 9232
      - ODA 9233
      - ODA 9234
      - ODA 9235
      - ODA 9236
  - 第5营
    - 营部和营部连
    - 营支持连
    - A连
      - ODB 9510
      - ODA 9511
      - ODA 9512
      - ODA 9513
      - ODA 9514
      - ODA 9515
      - ODA 9516
    - B连
      - ODB 9520
      - ODA 9521
      - ODA 9522
      - ODA 9523
      - ODA 9524
      - ODA 9525
      - ODA 9526
    - C连
      - ODB 9530
      - ODA 9531
      - ODA 9532
      - ODA 9533
      - ODA 9534
      - ODA 9535
      - ODA 9536

第 20 特种部队群组织架构

- 第20特种部队群
  - 总部和总部连
  - 群支持连
  - 第1营
    - 营部和营部连
    - 营支持连
    - A连
      - ODB 2110
      - ODA 2111
      - ODA 2112
      - ODA 2113
      - ODA 2114
      - ODA 2115
      - ODA 2116
    - B连
      - ODB 2120
      - ODA 2121
      - ODA 2122
      - ODA 2123
      - ODA 2124
      - ODA 2125
      - ODA 2126
    - C连
      - ODB 2130
      - ODA 2131
      - ODA 2132
      - ODA 2133
      - ODA 2134
      - ODA 2135
      - ODA 2136
  - 第2营
    - 营部和营部连
    - 营支持连
    - A连
      - ODB 2210
      - ODA 2211
      - ODA 2212
      - ODA 2213
      - ODA 2214
      - ODA 2215
      - ODA 2216
    - B连
      - ODB 2220
      - ODA 2221
      - ODA 2222
      - ODA 2223
      - ODA 2224
      - ODA 2225
      - ODA 2226
    - C连
      - ODB 2230
      - ODA 2231
      - ODA 2232
      - ODA 2233
      - ODA 2234
      - ODA 2235
      - ODA 2236
  - 第3营
    - 营部和营部连
    - 营支持连
    - A连
      - ODB 2310
      - ODA 2311
      - ODA 2312
      - ODA 2313
      - ODA 2314
      - ODA 2315
      - ODA 2316
    - B连
      - ODB 2320
      - ODA 2321
      - ODA 2322
      - ODA 2323
      - ODA 2324
      - ODA 2325
      - ODA 2326
    - C连
      - ODB 2330
      - ODA 2331
      - ODA 2332
      - ODA 2333
      - ODA 2334
      - ODA 2335,
      - ODA 2336

图集一："绿宝石勇士"演习

2011 年 3 月 2 日，佛罗里达州塔拉哈西，两名参加"绿宝石勇士 2011"演习、隶属第 10 特种部队群第 4 营的绿色贝雷帽队员正通过无线电进行联系。"绿宝石勇士"（Emerald Warrior）是由美国特种作战司令部举办的为时两周的联合 / 合成战术演习，每年进行一次，旨在为常规和特种部队提供贴近实战的训练。

绿色贝雷帽队员指导第 27 特种作战安全部队中队的空军人员使用 M2 型 .50 口径重机枪。

▲ 参加“绿宝石勇士 2011”演习的美国空军中尉唐纳德·特里格从一架直升机平台上滑降而下。特里格是驻地位于新墨西哥州加农空军基地的第 27 特种作战安全部队中队的医护助理。

▲ 在佛罗里达州赫尔伯特进行的“绿宝石勇士 2011”演习中，一名绿色贝雷帽队员从直升机上快速绳降滑下。他头戴 MICH2000 头盔，耳朵上戴有战术通信耳机，手上戴有速降手套，背心左侧还有一个急救包。

▲ 佛罗里达州阿巴拉契科拉，参加“绿宝石勇士 2011”演习的绿色贝雷帽队员在进行水上巡逻行动。

▲ 绿色贝雷帽队员对嫌犯进行审问。

▲ 佛罗里达州赫尔伯特军营，参加“绿宝石勇士 2011”演习的美国空军医师在手术帐篷内对急需手术的病人进行治疗。模拟病人的士兵来自于第1特种作战支援中队（Special Operations Support Squadron）。

▲ 参加“绿宝石勇士 2011”演习的美国空军 CV-22“鱼鹰”倾转旋翼飞机

▲ 来自第 10 特种部队群第 4 营 A 连的绿色贝雷帽队员从 CV-22 “鱼鹰” 倾转旋翼飞机的尾舱快速绳降滑下。

▲ 来自第 10 特种部队群第 4 营 A 连的绿色贝雷帽队员被钢绳吊起，拉到 CV-22 “鱼鹰” 倾转旋翼飞机上。

▲ 参加“绿宝石勇士 2012”演习的绿色贝雷帽通信军士

▲ 参加“绿宝石勇士 2013”演习的空军战斗控制员和绿色贝雷帽成员从一架 MC-130H“战斗爪 II”飞机的尾舱门跳下。

▲ 参加“绿宝石勇士 2012”演习的绿色贝雷帽队员正在演练破门进入和房屋清除战术。

▲ 2013 年 4 月 23 日，佛罗里达州赫尔伯特野战机场，一名参加“绿宝石勇士 2013”演习高跳低开跳伞行动的来自第 7 特种部队群的绿色贝雷帽队员正在等待跳伞教练检查。

▲ 跳伞专家正对跳伞员的装具进行仔细检查。

▲ 跳伞专家正对跳伞员的装具进行仔细检查。

一名绿色贝雷帽队员在检查他的氧气面罩。他的头盔上戴有夜视仪，左手腕上是一个高度计。

起身列队准备离机的绿色贝雷帽队员

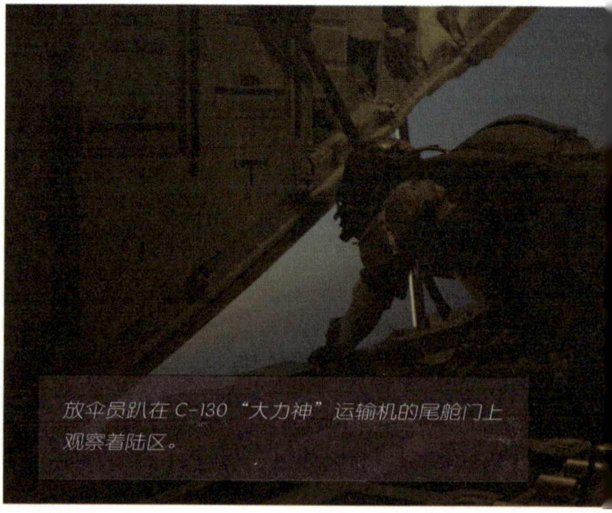

放伞员趴在 C-130 “大力神” 运输机的尾舱门上观察着陆区。

2013 年 4 月 25 日，佛罗里达州赫尔伯特，第 7 特种部队群下属的一个 A 作战分遣队（ODA）的队员乘坐加拿大空军的 C-130 “大力神” 运输机，准备进行一次高跳低开（High Altitude Low Opening，简称 HALO）跳伞。跳伞高度为 12500 英尺，同机跳伞的还有来自加拿大特种作战团的成员和隶属美国空军特种作战司令部的空降救援人员。这次跳伞行动是 “绿宝石勇士 2013” 演习的一个部分，该演习不仅涉及美军各军事分支，还包括多支盟国特种部队。

在机舱内等待离机的绿色贝雷帽队员

▲ 2014 年 4 月 30 日，密西西比州高尔夫波特战备训练中心（Combat Readiness Training Center），参加“绿宝石勇士 2014”演习的第 20 特种部队群第 2 营的绿色贝雷帽队员从一架 UH-60“黑鹰”直升机上快速绳降滑下。

▲ 在其它队员进行快速绳降训练时，两名绿色贝雷帽队员紧紧抓住绳索，保持稳定。

陆军特种部队分遣队

陆军特种部队下辖 A、B、C 三种类型的分遣队。其中，C 分遣队级别最高、规模最大，B 分遣队次之，A 分遣队的级别最低、规模最小。

C 分遣队（C-detachment）的全称是陆军特种部队 C 作战分遣队（Special Forces Operational Detachment C，简称 SFODC），负责某个战区或其中重要的部分，最多可以指挥和控制 18 支 A 分遣队或 3 支 B 分遣队，或是这两类分遣队的混合编组。B 分遣队（B-detachment）的全称是陆军特种部队 B 作战分遣队（Special Forces Operational Detachment B，简称 SFODB），它隶属于 C 分遣队，可以指挥和控制 6 支 A 分遣队。A 分遣队（A-detachment）的全称是陆军特种部队 A 作战分遣队（Special Forces Operational Detachment A，简称 SFODA），是陆军特种部队的基本组成单位。在执行非常规战争任务时，A 分遣队通常能筹集并指挥连级到营级规模的作战部队。他们还可以分解成为两个 6 人一组的“A 分支”分遣队，通常用于执行特种侦察任务。

特种部队营部——C 分遣队的构成

C 分遣队又称“C 队”（C-Team），是陆军特种部队营的营部，负责指挥、控制全营的作战、训练，并为其下属的三个连提供通信和后勤支援，还负责对全营的行政工作和日常事务进行管理，包括该营的人事安排。在战时，C 队负责计划和指挥特种部队营的作战行动，也为前方作战基地（Forward Operating Base，简称 FOD）的运作提供指挥和参谋人员。此外，当各级特种作战司令部（SOC）、联合特种作战特遣队（JSOTF）或其它部门需要从特种部队中遴选人才时，C 队也负责提供建议或是进行相关的人事协助。

C 队的指挥官是一名中校（O-5），负责指挥全营及 C 分遣队。营军士长由一名 E-9 级别的高级军士担任。此外，还有约 20-30 名特种部队成员在作战、后勤、情报、通信和医疗等方面的关键职位任职。一个特种部队营通常由五个连组成：A 连、B 连、C 连、营部和营部连以及营支持连。

特种部队连连部——B分遣队的构成

B分遣队（Operational Detachment Bravo，简称ODB）又称“B队”（B-Team），是特种部队连的连部，通常由11-13名士兵构成。特种部队连中包括A队和B队，其中A队主要负责直接作战，而B队则负责在营区内或在战场上支援A队行动。在实战中，为了更好地发挥支援作用，B队往往在更安全的后方地区进行部署。但在某些情况下，例如为了协调多个A队的行动，B队也会在敌占区进行部署。

作为特种部队连的连部，B队负责指挥和控制该连中的A队。在没有A队增援的情况下，B队无法独立部署特种部队。同样，如果没有B队的支援，A队也无法进行部署或是单独作战。此外，B队还负责建立并运行高级行动基地（Advanced Operational Base，简称AOB）等任务。为了顺利完成各种任务，B队中设有诸多不同职能的职位。B队的任务包括：独立计划和实施特种部队作战行动，或是作为更高级别的部队的一部分完成上述任务；对A队进行训练并为其部署做好准备；通过空路、陆路和海路渗透和撤出作战地区；在最少的外部指挥和供给支援下，在偏远的敌区后方长期作战；对作战地区当地的团级及以下规模的武装力量进行发展、组织、装备、训练、建议或指挥；训练或协助其他美国或同盟国的武装力量和机构，或是给它们提供建议。

B队由连指挥官（Company Commander，简称CO）领导。CO是一名18A（特种部队军官），军衔一般是少校（O-4），负责指挥隶属或分配给特种部队连的所有分队，管理该连一切相关事宜。当该连建立高级行动基地（AOB）时，连指挥官将担任基地指挥官。另外，B队还设有一名连执行官（Company Excutive Officer，简称XO）来辅助CO。XO也是一名18A，军衔通常为上尉（O-3）。执行官是特种部队连的第二指挥官，主管全连参谋工作。此外，执行官也和连军士长一起指挥并监管全连的行政和后勤工作。此外，还设有一名连技术员（Company Technician），他负责在该连及下属分遣队的组织、训练、情报、反情报及作战等方面协助连执行官的工作。这名连技术员是一名180A（特种部队准尉），军衔一般是三级准尉。连指挥官由连军士长协助，军士长是连内的资深军人，也是指挥官在连内人事相关事务方面的重要顾问。他负责监督全连的日常训练、作战行动和行政事务。该军士长为18Z（特种部队作战军士），通常是一名二级军士长(E-9)。

此外，特种部队连中还设有另一名18Z（特种部队作战军士），他通常也是一名二级军士长(E-8)，负责协助连执行官和连技术员完成他们的作战职责。当该连没有任务时，他将代替连指挥官管理连内的训练。在履行职责时，这名作战军士还会得到一名18F（特种部队情报军士）的协助，这名情报军士一般是三级军士长(E-7)。特种部队连的支援往往由一名

18D（特种部队医疗军士）和两名 18E（特种部队通信军士）负责。医疗军士通常是三级军士长（E-7），负责为全连及当地军队提供定期检查、医疗预防及急救措施，也负责对盟军和当地军队进行基本急救和医疗预防等方面的培训。通信军士则包括一名通信军士和一名助理通信军士，分别由一名三级军士长和一名参谋军士担任。通信军士们就通信事务及通信计划等方面的相关事宜向连指挥官提出建议。他们都是信号专家，负责安装、操作和维护特种部队连中的无线电及其它通信装备。此外，他们也对分遣队队员和当地军队进行信号设备操作等方面的培训。

在 B 分遣队中还有两个岗位的工作，尽管不属于特种部队 18 系列职业管理范畴（Career Management Field，简称 CMF），但仍在特种部队中占有必要的一席之地，分别是供给军士和化学 / 生物 / 辐射 / 核武器（Chemical, Biological, Radiological, Nuclear，简称 CBRN）防御军士。前者通常是一名参谋军士（E-6），他是指挥官重要的后勤规划员，负责处理特种部队连及下辖分遣队的后勤工作，并与营里的 S-4（后勤军官）合作应对连内供给问题；后者通常是一名军士（E-5），负责维护和操作连内的 CBRN 探测和清除设备，并协助制订和执行 CBRN 防御措施，确保特种部队连能够探测和防备核生化攻击。这些岗位上的士兵还没有通过特种部队资格课程（又称 SFQC 或 Q 课程），因此他们不具有特种部队士兵的资格。

基本作战单位——A分遣队的构成

A 分遣队（Operational Detachments-Alpha，简称 ODA）又叫“A 队”（A-Team），是陆军特种部队中最基本的作战单位，也是最主要的战斗力量。一支特种部队连通常下辖 6 个 A 分遣队。每个 A 分遣队都专攻某一种渗透技能或某个专门的任务，如军事自由落体跳伞、战斗潜水、山地作战、海上作战等。如果想知道一个 A 队到底是哪一支 ODA，则需要知道其所属的作战群、营、连和该队本身的编号。例如，1234A 分遣队是指第 1 特种部队群 2 营 3 连第 4A 队。

A 队通常活动在敌占区或情况不明地区，其行动能力几乎不受限制。它既可以通过空路、陆路和水路渗入或撤出行动地域，也可以在极少支援甚至没有支援的情况下，在远离己方的地区长时间活动。尽管规模不大，A 队却十分独立、自给自足。在执行上级赋予的各种行动任务的同时，它们还定期向其它的美国或同盟国的武装力量及机构提供训练、建议和协助。所有 A 队成员都具备为外国同行提供建议、帮助和指导的能力，包括单兵、小队直至连营规模的部队。

作为一支作战分遣队，A 队是名副其实的多面手，能够快速适应并高效执行多种任务，包括：独立计划并执行特种作战任务，或作为更高级别部队的一部分参与完成上述任务；通过空路、陆路或水路渗入或撤出特定作战区域；在极少的外部指导和支援下，在遥远的地区长期执行作战任务；在特种作战行动中发展、组织、装备、训练、建议和指导作战当地的营及营级以下规模的本土武装；训练、建议并协助美国或同盟国的武装力量及机构；计划并实施单边特种部队作战；以及在上级的指导下完成其他特种作战任务。

每个 A 队由 12 人组成，所有的成员都是合格的特种部队战士，每个人都有各自的军事职业专长（Military Occupational Specialty，简称 MOS），在队中起到独特的作用。尽管如此，所有的小队成员都要进行不同技能的交叉训练，并掌握多种语言。A 队由一名 18A（分遣队指挥官）和一名 180A（助理分遣队指挥官）领导。分遣队指挥官一般是上尉军衔，负责为部队提供装备，组织任务以及向队员简要介绍任务目标。助理分遣队指挥官通常是一级准尉或是二级准尉，他是指挥官的副手，负责协助指挥官的工作，并在必要时接管指挥工作（如果小队分成两队，那么助理指挥官就去指挥二队。这种情况在海湾战争中曾经出现过）。

此外，A 队中还包括下列人员：一名 18Z（特种部队作战军士），又被称为“A 队军士”，一般是一名二级军士长。作战军士负责全队的整体组织、运行和训练，保证全队得到合理的配置，并协助分遣队指挥官的工作；一名 18F（助理作战及情报军士），通常是一名三级军士长。他保证全队有足够完成任务的设备和供给，同时也负责收集和分析与任务相关的重要情报；18B（武器军士）、18C（工程军士）、18D（医疗军士）和 18E（通信军士）各两名，他们通常是三级军士长、参谋军士或军士。这样的组织可以使 A 分遣队很容易地分成两个六人的小队，每一个小队都由一名高级军士和助理军士负责。

A 队通常配有战术卫星、高频无线电和全球定位系统等通讯设备，临床及牙科器具和配给、消毒器、人工呼吸器及吸气器、化验水设备及兽医设备等医疗工具，以及个人防御武器、近距防御武器、电起爆或非电起爆装置以及夜视装置等重要的装备。设备分配可能会根据特定任务的不同而不同。如在进行水下作战或水上渗透行动时，SCUBA 小队将配有开放式双氧气瓶 SCUBA、闭式 Lar-V 德雷格潜水装具、佐迪亚克舟和克莱普皮艇等装备。军事自由落体跳伞小队则配有翼伞和供氧设备等。

图集二：美国、匈牙利特种部队联合训练

2010 年 3 月 12 日，在与匈牙利第 34 特种部队营进行的联合训练中，来自第 10 特种部队群第 1 营的绿色贝雷帽队员正在进行 M4 卡宾枪射击训练，匈牙利特种兵则在后面观摩。

匈牙利塔博尔福尔沃，参加伙伴发展计划（Partnership Development Program）的美国陆军第 10 特种部队群第 1 营和匈牙利第 34 特种部队营的队员正在演练如何反制简易爆炸装置（IED）。

▲ 绿色贝雷帽队员为匈牙利特种部队成员作 M4 卡宾枪的射击示范。

▲ 一名匈牙利特种部队成员使用 M4 卡宾枪进行近距反应射击。一名绿色贝雷帽队员在他的身边观摩。

一名来自第 10 特种部队群第 1 营的绿色贝雷帽队员正在认真注视匈牙利队员进行训练。

▲ 来自第10特种部队群第1营的绿色贝雷帽队员使用装载在GMV上的MK19型40毫米榴弹发射器进行射击。

▲ 在武器交叉训练环节，一名匈牙利特种兵向绿色贝雷帽队员讲授9K111 FAGOT型120毫米有线制导反坦克导弹系统的结构和使用方法。

▲ 进行射击演示的绿色贝雷帽队员

▲ 匈牙利特种兵在观摩一名来自第 10 特种部队群的绿色贝雷帽队员使用 M1“印度豹”重型狙击步枪进行射击演示。

▲ 在与匈牙利特种部队进行的交叉训练中，一支隶属第 10 特种部队群 ODA0114 作战分遣队的绿色贝雷帽队员使用格洛克 19 手枪进行射击。格洛克 19 手枪是格洛克 17 手枪的紧凑版本，发射 9×19 毫米弹药，弹匣容量 15 发。

▲ 在与匈牙利部队进行的联合演习中，来自第 10 特种部队群第 1 营的绿色贝雷帽队员手持 M4 卡宾枪和 MK18 CQBR 卡宾枪练习轻武器射击技能。他们大腿右侧的枪套内插有格洛克 19 型手枪。

A 分遣队组织结构

A 队是一支由 12 人组成的小队，第一指挥官是一名上尉，第二指挥官则是一名准尉。剩余 10 人均为未任命军官（noncommissioned officer，简称 NCO），即军士。他们两两一组，负责武器、工程、医疗、通信、作战和情报等五个方面的工作，这些正是特种部队的五个职责。所有的 A 队成员都是合格的特种部队士兵，他们不仅接受过不同技能的交叉训练，还能使用多种语言。

分遣队指挥官

（每队 1 人）

等级：O–3，上尉

分遣队指挥官是 A 队的第一指挥官。他负责全队方方面面的事务，做好行动准备，并维持良好的战斗状态。此外，分遣队指挥官还可以对行动地域内的本土武装力量提出建议或直接指挥，但一般限于营级以下部队。

分遣队技术员

（每队 1 人）

等级：WO–1 及以上

当分遣队指挥官不在时，分遣队技术员负责指挥全队。此外，在分遣队作战行动的所有方面，他也发挥技术和战术权威的作用，并监督所有队员的行动。他同时还是心理战（Psychological Operations，简称 PSYOP）和民事行动的权威。他不仅具有行动区域内的文化、地域和语言知识，还能够做出中期和长期的计划部署。另外，他还能为作战地域的地方武装征募兵员，并对其进行管理、训练和监督，但仅限于营级及以下部队。

18Z（18 Zulu）——特种部队作战军士

（每队 1 名）

小队军士（等级：E-8，二级军士长）

作战军士通常是真正管理小队的人，由 A 队中的资深士兵担任。他负责监督全队的作战行动以及管理全队所有的士兵，因此，他有时也被称为“小队之父”（Team Daddy）。此外，他还能为作战地域的地方武装征募兵员，并对其进行管理、训练和监督，但仅限于营级及以下部队。

18F（18 Fox）——助理作战和情报军士

（每队 1 名）

助理作战和情报军士（等级：E-7，三级军士长）

助理作战军士负责协助作战军士管理小队，计划、协调并指挥 A 队的情报收集、分析、成品和传递工作。同时，他还负责审问和处理敌军战俘，以及向友军进行简报或听取对方简报。此外，他可以训练或领导本土武装力量，也可以为它们提供建议，但是仅限于连级及以下部队。

18B(18 Bravo)——特种部队武器军士

（每队 2 名）

武器军士（等级：E-7，三级军士长）

助理武器军士（等级：E-6，参谋军士）

武器军士是武器专家，熟知各类轻重武器，能够熟练使用世界上现有的各种小型武器和班组用武器，包括手枪、步枪、机枪、迫击炮、反坦克武器以及榴弹发射器等。他们也负责训练分遣队队员和作战地区的地方武装使用这些武器。作为战术任务领导者，他们负责 A 队的战术安全，部署使用常规及非常规的战术和技巧。他们还为作战地区的地方武装提供建议和训练，必要时也可直接领导他们，但一般仅限于连级及以下部队。

18C（18 Charlie）——特种部队工程军士

（每队 2 名）

工程军士（等级：E-7，三级军士长）

助理工程军士（等级：E-6，参谋军士）

工程军士负责建造和摧毁。作为“爆破者”（Demo Man），他们是爆破专家，可以摧毁桥梁、大楼等几乎所有种类的建筑物。同时，他们也熟知各类军用、民用的建筑，还能实施各类工程，包括挖井和建造校舍等防御或民用工程任务。在民事行动任务中，他们是绝对的关键人物。工程军士可以训练或领导本土武装力量，也可以为它们提供建议，但一般仅限于连级及以下部队。

18D（18 Delta）——特种部队医疗军士

（每队 2 名）

医疗军士（等级：E-7，三级军士长）

助理医疗军士（等级：E-6，参谋军士）

医疗军士是一流的战地创伤医疗技术人员，他们熟练掌握各类医疗手段，并对当地居民提供医疗救助，这也是反暴乱作战中争取当地人支持的“心与思想”行动的重要组成部分。医疗军士负责拯救生命，但他们与通常所认为的医师有很大不同。特种部队医师采用的是最新的野战医疗技术，但实施外科手术仍然受到限制。医疗军士不仅能够妥善处置各种战场创伤，还管理预防性药物，同时也积极参与民事行动，对作战地区居民进行医疗救助。对于战场上可能遇到的各种伤病和意外，医疗军士都进行了广泛的涉猎和训练，熟悉包括高级创伤生命维持、局部手术、牙医学，甚至是兽医外科学等在内的各种医疗技能，是名副其实的全科医生。他们还训练或领导本土武装力量，或为他们提供建议，但一般仅限于连级及以下部队。

18E（18 Echo）——特种部队通信军士

（每队 2 名）

通信军士（等级：E-7，三级军士长）

助理通信军士（等级：E-6，参谋军士）

通信军士，又被称作“通讯员”（Commo Guy），他们熟知整套无线电通信设备及各类战场上的实用技巧，包括摩尔斯电码、加密卫星传输和IT技术等，负责建立并保持通信，是全队的生命线。由于他们需要运用最新的调频、多波道及卫星等通讯设备，所以他们的背包总是全队中最重的。通信军士的任务是所有特种任务中最重要、最关键的部分。此外，他们还能训练或领导本土武装力量，或是给予它们建议，但一般仅限于连级及以下部队。

军事职业专长（MOS）

陆军特种部队军事职业专长（Military Occupational Specialty，简称MOS）共有9种，分别是：

18A——特种部队军官（Special Forces Officer）

180A——特种部队准尉（Special Forces Warrant Officer）

18B——特种部队武器军士（Special Forces Weapon Sergeant）

18C——特种部队工程军士（Special Forces Engineer Sergeant）

18D——特种部队医疗军士（Special Forces Medical Sergeant）

18E——特种部队通信军士（Special Forces Communications Sergeant）

18F——特种部队情报军士（Special Forces Intelligence Sergeant）

18Z——特种部队作战军士（Special Forces Operations Sergeant）

在选拔训练阶段，还有一个特殊的18X，即特种部队候选人(Special Forces Candidate)，其将来的职业方向尚未确定，现役士兵可根据自身情况进行选择。

图集三：阿富汗战场

▲ 2009 年 12 月 12 日，阿富汗阿尔甘卜达地区，三架“黑鹰”直升机在将约 30 名陆军特种部队队员运送至目标村庄后即转身飞离。队员们将对该村庄实施包围和搜索，消灭暴乱分子，以确保该区域的安全。

▲ 清剿行动中的绿色贝雷帽队员。他们刚刚搜查完一个建筑，准备进行下一步搜索。

▲ 清剿行动中的绿色贝雷帽队员。右边的人肩上背的是 M136 型 84 毫米火箭发射器。

▲ 2013 年 12 月 27 日，阿富汗坎大哈省的马旺德地区曼多斋村，一名隶属某个 A 作战分遣队的陆军特种部队士兵正在进行警戒，以掩护执行清剿任务的阿富汗突击队员。

▲ 一名阿富汗突击队员正在检查墙上的洞口。

▲ 2014 年 3 月 20 日，在阿富汗南格哈尔省考格尼地区进行的一次清剿行动中，一名绿色贝雷帽队员在为突入可疑地点实施搜查的阿富汗突击队员提供掩护。

▲ 一名绿色贝雷帽队员正在查看地图。

▲ 战场上的绿色贝雷帽队员，他刚刚带领一个阿富汗突击队班执行完战斗搜索任务。

▲ 绿色贝雷帽队员（中）和阿富汗突击队员正在观察战斗情况。

▲ 观察中的绿色贝雷帽队员

▲ 2013 年 5 月 21 日，阿富汗坎大哈省扎里地区，一名陆军特种部队小队指挥官与一名阿富汗地方警察检查站指挥官会面。

▲ 2013 年 5 月 23 日，阿富汗坎大哈省的阿尔甘达卜地区，一名陆军特种部队小队指挥官与一名阿富汗地方警察检查站指挥官会面。

▲ 一名阿富汗小女孩向陆军特种部队士兵要糖吃。

▲ 绿色贝雷帽小队指挥官向一名阿富汗男孩演示握手方式。

▲ 在屋顶进行警戒的一名陆军特种部队士兵使用无线电台和空中的飞机通话。

▲ 绿色贝雷帽队员正在搜查一栋废弃的房屋，以确保屋里没有存放爆炸物或制造爆炸物的原料。

▲ 2011 年 2 月 20 日，在阿富汗坎大哈省的一个葡萄园附近，一名绿色贝雷帽队员正越过沟壑。

2014 年 1 月 1 日，在陆军特种部队和阿富汗突击队对坎大哈省马旺德地区巴罗兹村进行的联合清剿行动中，一名陆军特种部队士兵向隐藏在村中的叛军发射迫击炮弹。

在与塔利班武装的战斗中，一名绿色贝雷帽士兵正快速越过屋顶。他手中握有一支 M4A1 卡宾枪，在他身后的地上摆放着一支 M320 型 40 毫米榴弹发射器。

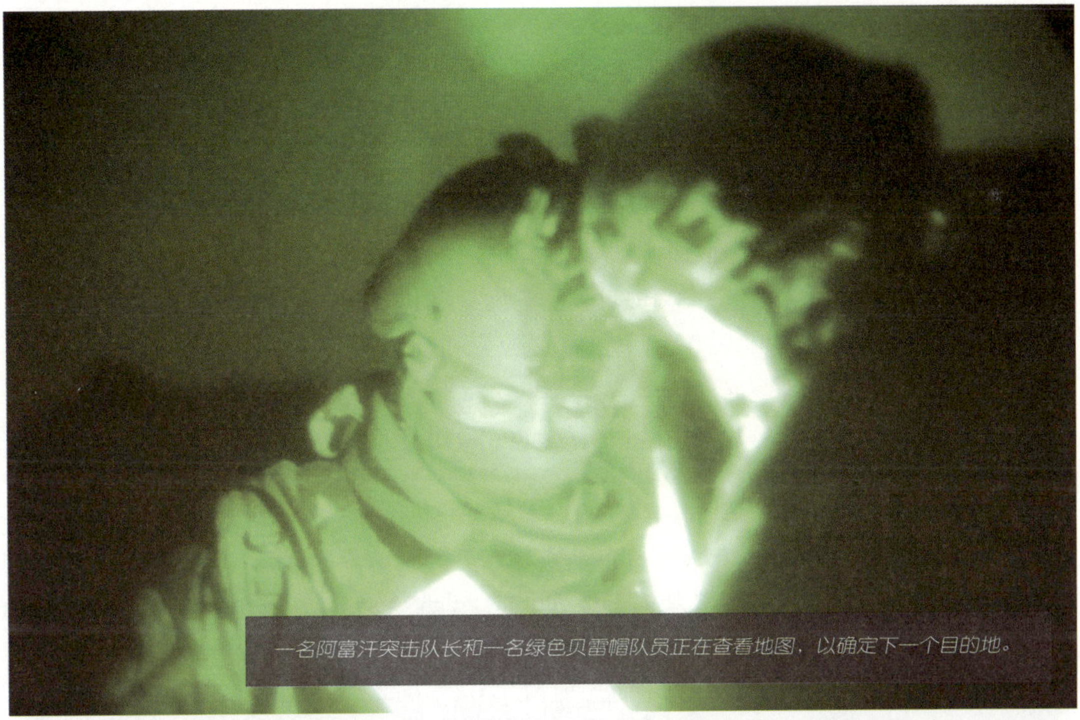

一名阿富汗突击队长和一名绿色贝雷帽队员正在查看地图，以确定下一个目的地。

2014 年 1 月 14 日，在美军特种部队和阿富汗突击队在阿富汗坎大哈省马旺德地区进行的一次清剿行动中，两名绿色贝雷帽队员使用无后坐力炮向敌方目标射击。

A 分遣队类型

为了提高作战效率，陆军特种部队将其任务分为几种类型，并为其下辖的 ODA 分别指定某项任务，作为专属职能。相应的，执行该项任务的 ODA 也在其所在连队内有了专属称呼，例如跳伞小队、潜水小队、山地小队等等。通常，一支特种部队连下辖 6 个 A 作战分遣队，其中包括一支 SCUBA 小队，一支 MFF 小队，它们都用于渗透作战。剩余四支 ODA 要么是非专业化的普通分遣队，要么是作为山地作战小队或机动作战小队这类专项任务分遣队。

军事自由落体跳伞小队（Military Free-Fall Team，简称 MFF Team）

自由落体跳伞 A 作战分遣队（MFF ODA）是专门执行伞降渗透任务的 ODA 小队，其成员都接受过要求和难度极高的军事跳伞训练，熟练掌握包括高跳低开（High Altitude Low Opening，简称 HALO）和高跳高开（High Altitude High Opening，简称 HAHO）在内的诸多核心技能。在进行 HALO 和 HAHO 行动时，由于高空氧气稀薄，跳伞员需携带氧气辅助设备供氧。所有的 MFF ODA 成员都要通过军事自由落体跳伞员课程（Military Free-Fall Parachutist Course，简称 MFFPC）。此外，每队中还应有两名成员通过军事自由落体跳伞专家（Military Free Fall Jumpmaster，简称 MFFJM）课程。

MC-130H “战斗爪 II” 飞机上的第 10 特种部队群绿色贝雷帽队员，他们即将进行一次高跳低开（HALO）跳伞行动。

▲ 参加约翰·肯尼迪特种作战中心和学校军事自由落体高级战术渗透课程（Military Free-Fall Advanced Tactical Infiltration Course，简称 ATIC）的绿色贝雷帽学员。他们面部戴着氧气面罩，头盔上装有夜视仪，左手腕处戴有高度计。军事自由落体高级战术渗透课程为期 3 周，训练地点位于亚利桑那州尤马试验场（Yuma Proving Grounds），重点是使学员掌握高跳高开（HAHO）跳伞技巧。

▲ 亚利桑那州尤马试验场，参加军事自由落体跳伞课程（Military Free-Fall Parachutist Course，简称 MFFPC）的绿色贝雷帽成员从飞机上跃身跳下。该课程由军事自由跳伞学校（Military Free-Fall School）提供。

▲ 亚利桑那州尤马试验场，一名绿色贝雷帽队员正在 4000 米高空练习高跳高开跳伞技巧，他的降落伞刚刚拉开。旁边的两名教官在空中对他进行全程指导。

▲ 进行自由落体跳伞的绿色贝雷帽队员

战斗潜水小队 / SCUBA 小队

陆军特种部队战斗潜水小队，又被称作“SCUBA 小队”或“潜水小队”，是专门执行两栖渗透任务的 ODA 小队。其成员都接受过两栖渗透 / 撤离训练，训练内容包括小型舟艇行动和 SCUBA（自持式水下呼吸设备）潜水。战斗潜水小队的所有成员都必需通过特种部队战斗潜水员资格课程（Special Forces Combat Diver Qualification Course，简称 SFCDQC）。此外，每支 SCUBA 小队内还应有两名或以上的成员通过特种部队战斗潜水教官课程（Special Forces Combat Diving Supervisor Course，简称 CDSC），两名成员完成特种部队战斗潜水卫生员（Special Forces Combat Diving Medical Technician，简称 CDMT）课程。

▲ 在一次训练任务中，来自第 7 特种部队群的战斗潜水员从水中隐蔽登岸。他们背上背着的是 SCUBA 潜水设备。

▲ 佛罗里达州基韦斯特，参加特种部队战斗潜水课程学习的绿色贝雷帽队员身着闭式潜水装置，进行海上渗透技巧训练。

▲ 2013 年 2 月 28 日，佛罗里达州埃格林空军基地，一架 UH-60 “黑鹰”直升机将来自第 7 特种部队群的绿色贝雷帽队员和“佐迪亚克”舟投入水中后，转身飞离。

▲ 队员们一边踩水，一边为“佐迪亚克”舟充气。

▲ 完成任务后，队员们拉着“佐迪亚克”舟登岸。

山地作战小队

山地作战 A 作战分遣队是专门执行山地作战任务的 ODA 小队。其成员都接受严格的马术训练以及寒区作战训练。

▲ 科罗拉多卡森堡，参加美国陆军特种部队司令部山地项目的学员正在进行高级课程（第 2 级）的训练。在此之前，他们已经完成了基础课程（第 3 级）的学习。在基础课程中，学员们需要学习包括山地行军、使用绳索、缘绳下降以及运用担架运送伤员在内的共 15 项技能。在高级课程中，基础攀岩技巧的学习贯穿始终，学员们共需要学习 17 项内容，包括确定合适的拴绳点、绳索下降的固定点，以及对陷于困境、需要帮助的攀岩者实施救援等。在科罗拉多州乔治湖旁的一个农场里，士兵们还被教授、掌握基本的照料驮畜的技能，以及如何往骡子背上装卸和固定重物和武器。在整个训练中，士兵们需要通过使用各种绳索技能在山顶上和废弃的矿洞中找到隐藏武器的地点。2011 年 10 月，美国陆军约翰·F·肯尼迪特种作战中心和学校将山地项目正式移交给了北卡罗来纳州布拉格堡的第 1 特种作战训练群第 2 营 A 连。

▲ 科罗拉多卡森堡，参加美国陆军特种部队司令部山地项目高级课程（第 2 级）训练的学员。

▲ 科罗拉多卡森堡，参加美国陆军特种部队司令部山地项目高级课程（第 2 级）训练的学员。

▲ 科罗拉多卡森堡，参加美国陆军特种部队司令部山地项目高级课程（第 2 级）训练的学员。

▲ 科罗拉多卡森堡，参加美国陆军特种部队司令部山地项目高级课程（第 2 级）训练的学员。

▲ 科罗拉多卡森堡，参加美国陆军特种部队司令部山地项目高级课程（第 2 级）训练的学员。

▲ 科罗拉多卡森堡，参加美国陆军特种部队司令部山地项目高级课程（第 2 级）训练的学员。

▲ 科罗拉多卡森堡，参加美国陆军特种部队司令部山地项目高级课程（第 2 级）训练的学员。

▲ 参加约翰·F·肯尼迪特种作战中心和学校山地项目的绿色贝雷帽队员正在进行高级课程二期（Senior Course Level II）的训练。本阶段课程内容包括基本的照料驮畜和在骡子上装卸、固定设备和武器的技巧。

▲ 在约翰·肯尼迪特种作战中心和学校举办的山地作战课程中，一名绿色贝雷帽队员骑马巡逻。马作为古老的交通工具，在反恐战争中依然非常重要。在“持久自由”行动初期，美国中情局特别行动小组和第5特种部队群的成员就曾和阿富汗北方联盟的成员一起骑马战斗。

机动作战小队

机动作战小队是专门执行地面战斗任务的ODA 小队。其成员广泛进行地面机动车辆(the Ground Mobility Vehicle，简称 GMV) 的驾驶和维护训练，擅长驾驶"悍马"。

▲ 2010 年 12 月，在阿富汗科霍斯特省萨勒诺前线作战基地外的一个山谷里，一支陆军特种部队山地小队正在巡逻。前面是一辆地面机动车辆，后面跟着的则是 RG-33 型防地雷反伏击车。注意 RG-33 型防地雷反伏击车上安装的 CROWS II 炮塔和地面机动车辆上安装的 MK-44"米尼岗"机枪。

▲ 在布拉格堡进行的能力展示中，陆军特种部队士兵从地面机动车辆（GMV）上下来，向目标发起冲击。GMV是“悍马”（HMMWV）的改良版，适用于美军特种部队。在2003年入侵伊拉克的战争中，陆军特种部队下属的机动小队驾驶GMV在伊拉克沙漠地区进行了无数次远距离巡逻行动。

▲ 第7特种部队群的绿色贝雷帽队员驾驶地面机动车辆（GMV）穿越崎岖地形。通过加强悬挂装置、使用更大摩擦力的轮胎和增大底盘距离地面的空隙等一系列改进措施，GMV拥有了比标准型“悍马”更好的越野性能。

▲ 在位于美国本土的训练基地，陆军特种部队成员驾驶地面机动车辆越过障碍，为即将到来的在阿富汗的部署作准备。地面机动车辆非常适于在山区和沙漠地区的巡逻和战斗行动。

▲ 佛罗里达州埃格林空军基地埃格林靶场，隶属机动作战小队的绿色贝雷帽队员使用地面机动车（Ground Mobility Vehicle，简称GMV）上装载的M2型.50口径重机枪和M240B型中型机枪进行射击。

▲ 一名绿色贝雷帽队员使用地面机动车辆（MGV）上装载的 M2 型 .50 口径重机枪进行射击。

▲ 在一次部署前训练任务中，一名陆军特种部队士兵在操作安装在地面机动车辆（GMV）后部的 M240 型弹链供弹机枪。注意枪上安装的 ELCAN 瞄准镜。

绿色贝雷帽（Green Beret）

随着特种部队群的正式组建和顺利运转，陆军特种部队官兵们决定采用一种独特的军帽，以与一般部队从外观上分隔开，并彰显自身的精锐地位。第 77 特种部队群的成员查遍了他们搜集来的各种帽子，最终决定选取米格尔·德拉彭拿上尉收藏的英国步兵团军帽使用的来复绿（这个颜色与突击队的杂绿色相对）作为新军帽的颜色。弗兰克·德拉斯上尉为第 10 特种部队群和第 77 特种部队群的成员设计并小批量生产了这种新的贝雷帽。1954 年，陆军特种部队非正式地选用了绿色贝雷帽作为其标志性的军帽。

绿色贝雷帽一级军士理查德·特纳（左）、一级军士巴迪·洛克伍德（中）和军士长克里斯托弗·斯宾塞（右）的合影。他们是陆军特种部队的优秀代表，三人加起来的服役时间长达 52 年，并多次参与实战部署。美国前国防部长罗伯特·M·盖茨将特种部队成员之间的兄弟情谊称为“赢得反恐战争的关键”。

1955年6月12日，第18空降军前指挥官约瑟夫·P·克莱兰德中将的退役阅兵式在布拉格堡举行。在那次阅兵式上，陆军特种部队的新军帽首次亮相，但却被当时围观的群众误认为是北约派来的某个外国突击队代表团。1956年，布拉格堡驻地指挥官保罗·D·亚当斯将军禁止士兵佩戴这一显眼的帽子，但是特种部队士兵们仍在暗地里偷偷戴着它。1961年9月25日，陆军部578636号通知将绿色贝雷帽定为美国陆军特种部队专属军帽，这也就解除了亚当斯将军的禁令。

▲ 1961年10月12日，威廉姆·P·亚伯拉夫准将（左）在布拉格堡会见来访的约翰·肯尼迪总统。

在绿色贝雷帽的发展史上，第35任美国总统约翰·F·肯尼迪是个不得不提的人物。1961年10月12日，肯尼迪总统视察了位于布拉格堡的特种作战中心。在为这次行程做准备时，肯尼迪告知中心指挥官威廉·P·亚伯勒准将让特种部队士兵们在他到访时佩戴绿色贝雷帽。肯尼迪认为，既然特种部队接受了特殊的任务，那么他们就应该有一些特殊的物件使他们与其他部队区别开来。他将绿色贝雷帽描述为“优秀的标志、勇气的勋章、为自由而战的独特标记”，并授权给美国陆军特种部队独家使用。

《星条旗》报撰稿人福利斯特·林德利曾作为美国陆军特种部队的一员在越南服役，他对肯尼迪总统此次授权做出了如下评价：“正是肯尼迪总统重建了陆军特种部队，他还将绿色贝雷帽还给了我们。当常规部队不在时，我们就窥视四周好趁机偷偷带贝雷帽，这好像在玩儿猫抓老鼠的游戏。后来，肯尼迪总统将绿色贝雷帽作为一种独特的标志授予我们，每个人都到处寻找很绿很绿的贝雷帽。因为这些帽子是我们从加拿大带来的，有些还是手工制作的，一下雨就褪色了。”

陆军特种部队和肯尼迪总统之间的特殊联系还可以追溯到他的葬礼。在肯尼迪逝世25周年的仪式上，越战中最后一名陆军特种部队指挥官迈克尔·D·海利将军在阿灵顿公墓发表演说。之后，人们将一个绿色贝雷帽状的花圈放在他的坟墓上。这项传统起源于肯尼迪葬礼的那一天，当时一位负责看管坟墓的特种部队中士将自己的贝雷帽放在了肯尼迪的棺材上。

标识和徽章

陆军特种部队的标识（Insignia）由一对呈X形交叉的银箭、一柄黑色把手的银色匕首和一个成盾形围绕的黑色缎带组成，缎带上用拉丁文刻着该部队的座右铭“DE OPPRESSO LIBER”，意为“解放被压迫者”。

▲ 陆军特种部队标志

该标识起源于二战时的美国－加拿大联合突击队——第1特勤部队贝雷帽上的标志。所不同的是，第1特勤部队使用的是两支呈X形交叉的金箭，而陆军特种部队使用的则是两支呈X形交叉的银箭。这样做的目的是为了在视觉效果上显得更协调。

陆军特种部队标识于1960年7月8日正式启用。保守估计，最晚在1965年后，该标识就被美国特种部队司令部（空降）及其所辖单位的现役人员广泛采用了。

▲ 陆军特种部队资格标识

陆军特种部队资格标识（Special Forces Tab）于1983年正式引入，用于授予那些完成了陆军特种部队资格课程（SFQC）的学员（包括美国陆军现役和预备役人员，以及来自美军其他军种和外军的学员）。和绿色贝雷帽不一样，获得者可以终身佩戴陆军特种部队资格标识，即使他不在陆军特种部队服役了依然可以。

陆军特种部队资格标识分为布质和金属质两种。布质标识为橄榄绿色，长8.26厘米，高1.75厘米，上面绣有“Special Forces”字样，字母为黄色，高0.79厘米，佩戴于制服左袖、陆军特种部队臂章的上方。金属质标识分为全尺寸和微缩版两种。全尺寸金属质标识高1.59厘米，宽3.97厘米。微缩版金属质标识高0.64厘米，宽2.54厘米。金属质标识底色为青色，边缘和字母均为黄色，佩戴于陆军制服左胸前。

那些在1942年至1973年期间服务于特种部队单位，尽管没有参加正式资格课程，但获得SQI“S”、“3”、“5G”等级的人员也在授予之列。此外，在1954年至1975年期间被授予CIB或CMB等级，并在以下任一单位中连续服务超过120天的人员也被授予陆军特种部队资格标识。分别是：

陆军特种部队 A 作战分遣队（SF ODA）

机动打击部队（Mobile Strike Force）

陆军特种部队侦察小队 (SF Reconnaissance Team)

陆军特种部队特殊计划部队 (SF Special Project Unit)

此外，陆军特种部队资格标识还被授予那些在以下部队中连续参加战斗服务超过 120 天的人员。包括：

第 1 特勤部队（1942 年 8 月至 1944 年 12 月）

战略服务局第 101 分遣队（1942 年 4 月至 1945 年 9 月）

战略服务局杰德堡分遣队（1944 年 5 月至 1945 年 5 月）

战略服务局行动群（1944 年 5 月至 1945 年 5 月）

战略服务局海上部队（1942 年 4 月至 1945 年 9 月）

第 6 陆军特种侦察部队（又叫“阿拉莫尖兵”）（1944 年 2 月至 1945 年 9 月）

8240 陆军部队（1950 年 6 月至 1953 年 7 月）

▲ 约翰·肯尼迪特种作战中心和学校徽章

▲ 陆军特种部队臂章

图集四：绿色贝雷帽和外军特种部队

2007年4月7日，洪都拉斯索托·卡诺空军基地，到访的洪都拉斯总统胡安·奥兰多·赫尔南德斯（左）正与一名美国陆军特种部队派去训练洪都拉斯反走私警察部队（绰号“老虎”）的教官交谈。

洪都拉斯学员进行高级步枪射击训练，一名绿色贝雷帽教官紧跟其后。

▲ 一名绿色贝雷帽教官向洪都拉斯学员展示 M9 手枪的持枪和射击技巧。

▲ 绿色贝雷帽队员演示 M9 手枪的射击技巧。

▲ 洪都拉斯学员在进行 M9 手枪射击。

▲ 2014 年 4 月 3 日，洪都拉斯卡诺空军基地，来自第 7 特种部队群的绿色贝雷帽士兵和洪都拉斯伞兵一起进行 AC-130 飞机侧门离机跳伞训练，为即将到来的联合跳伞演习做准备。

一名洪都拉斯跳伞教官正在向等待登机的洪都拉斯伞兵讲解降落伞的操作要领。

绿色贝雷帽队员和洪都拉斯伞兵从 AC-130 飞机的侧门跳离飞机。他们进行的是固定拉绳式跳伞。

跳伞员准备降落在着陆场。

即将着陆的洪都拉斯伞兵

演习结束后，一名绿色贝雷帽队员和洪都拉斯伞兵亲切握手，并赠送给他一枚陆军特种部队纪念章。

▲ 2012 年 3 月 3 日，在圭亚那首都乔治城外的史蒂芬森军营，来自美国陆军特种部队的教官们正在教手持仿真型 M4 卡宾枪的圭亚那士兵熟悉、使用这种美军制式武器。该训练是美军和圭亚那军队之间进行的“联合反应 2012”演习（Exercise Fused Response）的一部分。

▲ 夜视仪拍摄的实施夜间房屋清扫行动的绿色贝雷帽队员

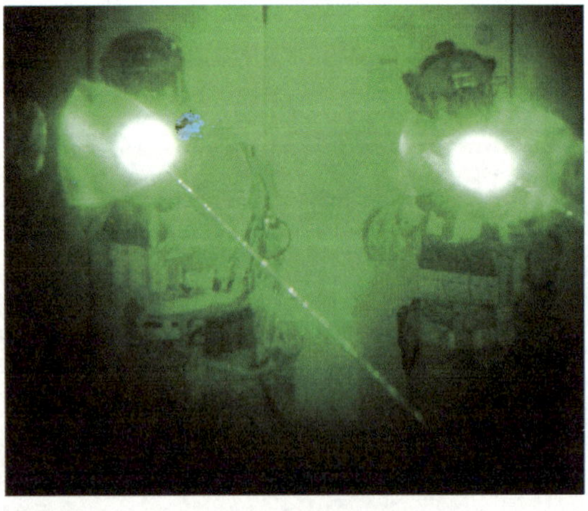

▲ 实施夜间房屋清扫行动的绿色贝雷帽队员

2014 年 3 月 7 日，伯利兹城普里塞军营，参加“联合反应 2014”演习（Exercise Fused Response）的美军士兵正在进行航空医疗疏散训练。这些士兵来自洪都拉斯卡诺空军基地的第 228 航空医疗司令部第 1 营 C 连。该演习由美国南方司令部发起，由南方特种作战司令部具体负责。

▲ “联合反应 2014”演习期间，来自第 7 特种部队群的绿色贝雷帽队员从一架 UH-60“黑鹰”直升机上快速绳降着陆后，迅速展开，实施搜查行动。

▲ 绿色贝雷帽队员快速通过无遮掩地带。

▲ 绿色贝雷帽队员准备实施入门搜查。

▲ 演习期间，一名绿色贝雷帽队员为受伤的队友提供医疗援助。

▲ 绿色贝雷帽队员准备实施入门搜查。

▲ 绿色贝雷帽队员们列队，准备突入房间，实施清扫行动。

▲ 绿色贝雷帽队员们突入房间。注意他们的跑位和各自的负责区域。

▲ 受伤的绿色贝雷帽队员躺在一架 UH-60 “黑鹰” 直升机上等待医疗后撤。

▲ 1996 年 5 月 1 日，在泰国洛坤府进行的“金色眼镜蛇 96”演习期间，一名来自泰国皇家陆军第 5 步兵师第 4 心理战连的教官正向美国陆军特种部队士兵演示在丛林求生中对付眼镜蛇的技能。共有约 9000 名美军和 10000 名泰国军人参加了本次演习。

▲ 1998 年 5 月 17 日，泰国帕瓦伊军营，参加“金色眼镜蛇 98”演习的泰国皇家陆军第 1 特种部队团的士兵从一架 UH-60“黑鹰”直升机上快速绳降滑下。演习期间，泰国特种部队和来自路易斯堡的第 1 特种部队群第 3 营 B 连的绿色贝雷帽队员一起进行了交叉训练。

1998 年 5 月 17 日，来自华盛顿州路易斯堡第 1 特种部队群 B 连的肖恩·苏特尔上士（左）和一级军士长基思·卢克（右）正在为参加“金色眼镜蛇 98”军演的美国和泰国特种部队士兵讲解快速绳降安全措施。“金色眼镜蛇 98”军演由美国和泰国联合进行，包括陆地、空中和海上演习，也是该年度美国太平洋司令部参加的规模最大的战略机动演习。

1998 年 5 月 17 日，在“金色眼镜蛇 98”演习期间，美国陆军一级军士布雷特·索普（右）正在指导泰国第 1 特种部队团（驻地位于帕瓦伊军营）的士兵进行静脉注射的正确方法。索普隶属于华盛顿州路易斯堡的第 183 特种作战 A 分遣队（SFOD-A 183）。

刺刀特遣队
(Task Force Dagger)

北方联合特种作战特遣队又称“刺刀特遣队”，它是为“持久自由”行动（Operation Enduring Freedom）而组建的几支联合特种作战特遣队之一。

刺刀特遣队的驻地代号为“K2”，它曾经是前苏联的空军基地，靠近乌兹别克斯坦的卡尔西汉纳巴德。刺刀特遣队由下列部队组成：

- 第 5 特种部队群（5th Special Force Group）
- 第 160 特种作战航空团（160th Special Operations Aviation Regiment， 简称 SOAR）
- 特殊战术中队 (Special Tactics Squadron)

其中，第 5 特种部队群和第 160 特种作战航空团隶属陆军特种作战司令部（Army Special Operations Command，简称 ASOC）, 特殊战术中队隶属空军特种作战司令部（Air Force Special Operations Command，简称 AFSOC）。

刺刀特遣队的任务是与北方联盟指挥官保持联系，并支援他们向阿富汗北部被塔利班占领的几个具有战略意义的城市发动进攻。随着战争的推进，第 5 特种部队群也越来越频繁地与阿富汗南方的普什图军队进行合作。

“持久自由”行动初期，和北方联盟军队一起骑马巡逻的第 5 特种部队群成员。

555A 分遣队（ODA 555）

活动地域：硕马里平原、巴格拉姆和喀布尔

555A 分遣队是隶属于第 5 特种部队群的一支 12 人 ODA 小队，它曾插入潘杰希尔峡谷，并加入了“硬骨头队”（Jawbreaker Team）。他们携带了 AN/PEQ-1 特种部队激光指示器（AN/PEQ-1 SOF Laser Marker，简称 SOFLAM）。在 GPS 的辅助下，SOFLAM 在战役中发挥了重大作用。555A 分遣队与中情局和阿富汗军阀法米尔汗领导的北方联盟军队合作密切，多次呼唤并引导空中力量对位于硕马里平原的塔利班据点进行空袭。

当塔利班武装大批逃离硕马里平原时，555A 分遣队召集了更多的空中力量以清除巴格拉姆空军基地最后一点残余敌军，以便法米尔汗的军队可以顺利接管基地设施。11 月 13 日，在 595A 分遣队和“硬骨头”队的协助下，法米尔汗的军队最终攻陷了喀布尔。

在这次战役中，陆军特种部队在 AFSOC 战斗控制员（Combat Controller，简称 CCT）的协助下，呼唤并引导美国空军的 B-52、B-1 轰炸机和美国海军的 F14、F18 战斗轰炸机进行空袭。空军特种作战司令部下辖的 AC-130“炮艇”也在战斗控制员的协调指挥下，为地面部队提供了近距离空中支援，其中绝大部分是在夜间。有好几次，MC-130E/H 飞机在塔利班军队上空投下了重达 15000 磅的 BLU-28“雏菊切刀”（Daisy Cutter）炸弹，造成了毁灭性的后果。这种由特种部队协调的空中力量和本土反塔利班武装的联手，成为“持久自由”行动开场时的最大特点。

595A 分遣队和 534A 分遣队

活动地域：马扎里沙里夫和达里苏夫山谷

595A 分遣队于 10 月 20 日乘坐第 160 特种作战航空团（SOAR）的 MH-47“支奴干”特种作战直升机飞越兴都库什山脉，渗透进入马扎里沙里夫南部的达里苏夫山谷，与中情局和北方联盟各派中实力最强的杜斯塔姆将军会合，成为刺刀特遣队下辖小队中第 2 个进入敌区的小队。

无论是 595A 分遣队队员、中情局特别行动部（SAD）的作战人员还是配属的 AFSOC 战斗控制员，很快发现他们需要骑着马跟随杜斯塔姆将军的部队行动。美国特种部队和北方联盟的士兵骑跨战马，横扫过阿富汗的乡野，向塔利班据点发起经典的骑兵冲击，这些都不由得让人联想起电影《阿拉伯的劳伦斯》中的那些怀旧片段。

在2001年的一次战斗行动中，一名绿色贝雷帽队员使用AN/PEQ-1型激光指示器对目标进行指示并引导空中打击。在美军特种部队、盟军空中力量和阿富汗军队的团结合作下，塔利班势力很快被击溃。

骑兵是一种早已被现代战争淘汰的古老兵种，正因为如此，美国特种部队中很少会有合格的骑手。即便是熟练的骑手，也没有人能适应阿富汗常见的传统木质马鞍。在经过紧急求助后，他们获得了空投的皮质马鞍。

595A分遣队分为两个小队："阿尔法"（Alpha）和"布拉沃"（Bravo）。"阿尔法"队跟随向马扎里沙里夫进军的杜斯特姆将军的部队，他们负责呼唤美军战机对一系列塔利班据点发动空中打击；"布拉沃"队则在向达里苏夫山谷的进攻行动中，负责呼唤空中火力对塔利班据点进行空袭。

11月2日夜里，另一支特种部队小队——534A分遣队乘坐第160特种作战航空团（SOAR）的直升机渗透进入阿富汗。他们的任务是和中情局官员一起支援北方联盟的一名民兵领袖——穆罕默德·阿塔。最终，534A分遣队在马扎里沙夫城外与595A分遣队及杜斯特姆将军会合。

在595A分遣队、534A分遣队和AFSOC战斗控制员呼唤来的空中火力的支援下，北方联盟军队的步兵、骑兵和装甲部队最终占领了马扎里沙里夫城。

585A 分遣队

10 月 23 日，585A 分遣队在昆都士附近作战，以支援北方联盟军阀布里拉汗的部队。

553A 分遣队

11 月 2 日，553A 分遣队进入阿富汗北部的巴米安山谷，与北方联盟的卡里姆·哈利利将军的部队会合。

586A 分遣队

在北方的塔哈尔省，586A 分遣队协助北方联盟的达奥德汗将军的部队进行作战。他们最终于 11 月 11 日攻下该省省会塔洛甘。

586A 分遣队曾呼唤空中力量，发动了 11 天的密集空袭，以支援达奥德汗的部队。尽管他们最终于 11 月 26 日攻下了昆都士省省会昆都士市，但是相当数量的塔利班组织和基地组织的重要人士却在昆都士沦陷之前乘飞机逃走了。这对于特种部队来说是个不小的挫折。

574A 分遣队

11 月 14 日，第 160 特种作战航空团（SOAR）的“黑鹰”直升机将 574A 分遣队部署到了塔林科特附近，同行的还有后来成为了阿富汗总统的普什图民兵领袖哈米德·卡尔扎伊。当卡尔扎伊的军队向南方的坎大哈进攻时，美国空军战术空中管制小组（US Air Force Tactical Air Control Party，简称 USAF TACP）发生了严重失误，使得空中飞机将重达 2000 磅的 GPS 制导“杰达姆”炸弹（Joint Direct Attack Munition，联合制导攻击武器，简称 JDAM，即“杰达姆”）投入到友军阵地，造成几名特种部队成员和阿富汗民兵的伤亡。但是，在 586A 分遣队剩余官兵、750A 分遣队和 523A 分遣队的协助下，卡尔扎伊最终成功劝降了坎大哈附近的塔利班部队。

2002 年，阿富汗乡村，一名绿色贝雷帽队员与阿富汗当地人一起打桌球。注意他身上挂的 HK 公司生产的 MP5A3 冲锋枪。美军在战场上很少使用这种 MP5 冲锋枪，更多是作为个人的防身武器。

阿富汗战场上的绿色贝雷帽队员。不远处，一架第 160 特种作战航空团的 MH-47“支奴干”直升机正从地面起飞。美军特种部队成员在阿富汗普遍蓄胡须，这是为了赢得阿富汗人的尊重，因为他们认为胡子是男性的象征。

583A 分遣队

583A 分遣队在星那莱山谷附近支援从东南方向坎大哈推进的古·阿格拉·谢柴的部队。该分遣队还设立了可以俯视坎大哈的观察点，每隔几天使引导空中力量对塔利班组织发动空袭，以削弱他们的防御。谢柴的军队于 12 月 7 日攻占机场，之后很快占领了整个坎大哈市。此后不久，卡尔扎伊的军队及其特种部队顾问们就从北方赶来，加入了谢柴的军队。

随着坎大哈省的易手，塔利班组织丧失了最后一个主要城市据点。在美军领导的联军的追捕下，基地组织成员不是逃亡到巴基斯坦，就是在托拉博拉山区流窜。陆军特种部队在阿富汗战场的表现可圈可点，既为自身赢得了广泛的尊重，也掀开了部队历史的新篇章。

▲ *2002 年 8 月 25 日，美军陆军特种部队士兵骑着马在阿富汗北部昆都士城附近巡逻。在阿富汗的山区，骑马巡逻是很好的巡逻方式，能够巡查到那些狭窄的小路和乘车无法进入的地区。*

在德国拉姆斯坦因空军基地进行的牺牲士兵纪念仪式上，陆军特种部队指挥官向棺椁敬礼。这6名士兵是2001年3月12日在科威特的一次训练演习中丧生的。他们的遗体由一架C-17“全球霸王III”战略运输机运过来，准备送往兰德斯图尔地区医疗中心进行身份识别。

第二章 >>

02 选拔和训练

自成立以来，“绿色贝雷帽”就一直是美国特种作战界的中坚力量，在美国的全球霸权行动中扮演着关键角色。为了保持自身的精锐地位，“绿色贝雷帽”一直在寻找具有优异潜质的士兵，并加以严格的训练，以填补各个级别的空缺职位。那些有意加入的志愿者，首先要通过资格筛查，而后进入高强度、高淘汰的特种部队评估与选拔（Special Forces Assessment and Selection，简称 SFAS）课程和特种部队资格课程（Special Forces Qualification Course，简称 SFQC），最后留下来的人才能成为“绿色贝雷帽”的一员。但这仍只是开始，前方还有更多的训练科目和实战任务在等着他。

备选资格

想申请加入陆军特种部队的候选人必须满足以下条件：

（1）必须是男性现役军人，年龄在 20-30 岁之间；

（2）必须是美国公民；

（3）必须具有跳伞资格或者志愿进行跳伞训练；

（4）必须在陆军体能测试（Army Physical Fitness Test，简称 APFT）中取得 206 分（17-21 岁组标准）以上的成绩，且所有单项不低于 60 分；

（5）在军事服务职业倾向测试中，普通技能得分不低于 107，战斗行动得分不低于 98；

（6）必须达到 AR 40-501 中罗列的体检合格标准。双眼的近距视力和远距视力均必须达到 20/20，矫正后的视力达到此标准亦可；

（7）必须获得接密许可；

（8）如果申请者不能从其现在的军事职业专长（Military Occupational Specialties，简称 MOS）或部门转到 CMF 18，则一概不予录用；

（9）现在不在涉密的 MOS 或部门工作。

佛罗里达州坦帕市坦帕会议中心（Tampa Convention Center），由美国特种部队司令部举办的国际特种部队周（International Special Forces Week）的闭幕式上，美国副总统理查德·B·切尼发表讲话，称赞特种兵是“沉默的专家”。这次会议首次将国际伙伴纳入了反恐斗争，共有 70 多个国家参与，其中包括伊拉克和阿富汗。

2001年11月21日，北卡罗来纳州布拉格堡，时任国防部长唐纳德·H·拉姆斯菲尔德对特种部队司令部（Special Forces Command）人员发表讲话。在这次对布拉格堡和波普空军基地的访问中，拉姆斯菲尔德参观了由绿色贝雷帽、游骑兵、海豹和空军战斗控制小队等部队共同进行的能力展示。

拉姆斯菲尔德和参演的特种部队士兵握手。

2008 年 10 月 23 日，北卡罗来纳州布拉格堡，时任国防部长罗伯特·盖茨（中）与第 4 心理战群指挥官（4th Psychological Operations Group）柯蒂斯·博伊德上校（左）交谈。右边陪同的是美国陆军特种作战司令部指挥官罗伯特·W·瓦格纳中将。

2010 年 9 月 29 日，来自美国杜克大学、北卡罗莱纳大学、北卡罗来纳州立大学和北卡罗来纳中央大学的预备役军官训练团（Reserve Officers' Training Corps，简称 ROTC）的学员在聆听国防部长罗伯特·M·盖茨的讲话。盖茨称他希望未来有更多的女性加入特种部队服务。特种部队中也招募女性，但主要是在民事、情报和航空地勤部门，一线战斗部门依然对女性禁入。

仅针对士兵申请人的额外条件：

（1）士兵申请人的军阶必须在 E-4 到 E-7 之间。成功完成特种部队评估和选拔课程（SFAS 课程）是参加特种部队资格课程（SFQC）的前提条件。

（2）必须有高中毕业文凭或是普通教育水平证书。有一年大学经历者优先，但这并非入选的必要条件。

（3）普通技能得分必须在 100 分及以上。

（4）若申请人为训练官或招聘员，则需保证参加课程不会打断其相应工作。

（5）通常，成功完成 SFAS 课程的专业军士、下士和军士将放弃他们的保留控制点（retention control point）以参加资格课程。在成功完成资格课程后，他们将可以继续服役。正在处理其保留控制点的参谋军士请勿申请。三级军士长在申请 SFAS 课程时 TIS 时间应不多于 12 年。此外，申请者还必须有空降资格或是合格的突击队员。三级军士长必须在 90 天内志愿参加 SFAS 课程，且在通过 SFAS 课程后的六个月内能够彻底转入（Permanent Change of Station，简称 PCS）资格课程。

（6）未经所属部队事先批准，正在执行任务的士兵一般不能参加 SFAS 课程。不过，在执行短期短途任务的士兵可以参加 SFAS 课程；但是，如果其任务被延期，则不能参加该期课程，要等士兵回国后再参加下一期课程。如果士兵在报名预选课程后接到了任务，那么他们的 SFAS 课程将被延期，以保证出勤相应任务。

（7）在美国本土之外的美军基地服役的士兵可以通过临时职责（Temporary Duty，简称 TDY）的方式参加 SFAS 课程，以保证其在海外执行任务时能够随时回归本职工作。在成功完成 SFAS 课程后，如果士兵已经完成了三分之二及以上的海外任务，并且美国陆军人员司令部（United States Total Army Personnel Command，简称 PERSCOM）也批准他可以缩减剩余海外任务，那么他就可以参加下一批特种部队资格课程。短期海外服役的士兵通常无法获得缩减任务的批准。

（8）在美国本土服役的士兵可以通过 TDY 的形式参加 SFAS 课程，并随时回归本职工作。在成功完成 SFAS 课程后，他们将被安排参加资格课程，以保证他们在彻底转入资格课程前有一年以上的待命时间。

（9）在完成资格时，候选人的剩余 TIS 时间应不少于 24 个月。

▲ 2011 年 3 月 23 日，北卡罗来纳州布拉格堡，已退役的前陆军特种部队成员迈克尔·潘诺耐（右）向来自美国陆军第 82 空降师第 1 旅战斗队的伞兵们传授轻武器射击战术。

▲ 讲课中的迈克尔·潘诺耐

仅针对军官申请者的额外要求：

（1）在得到最终许可前，接受过至少一次秘密的忠诚调查，并能达到顶级秘密调查的合格标准。

（2）在申请加入陆军特种部队之前，已经完成了军官基础课程，并成功完成了其所在部队的任务。

（3）国防语言倾向度（Defense Language Aptitude Battery，简称 DLAB）成绩不低于 85 分；或国防语言熟练测试（Defense Language Proficiency Test，简称 DLPT）的阅读和听力成绩不低于 1/1。

（4）在完成特种部队资格课程（SFQC）前，剩余 TIS 不少于 36 个月。

2009 年 4 月 20 日，因伤致残的前陆军特种部队上士约翰·瓦尔丁和少校肯特·索尔海姆一起参加第 113 届波士顿马拉松比赛。

所有申请人都不得有以下情况：

（1）被禁止再次从军或是因有偏好的人事操作被停职。

（2）被军事法庭定罪，或因触犯军事法庭军事法典（the Uniform Code of Military Justice）有记档的纪律处分。本条只能在美国陆军约翰·F·肯尼迪特种作战中心及学院（United States Army John F. Kennedy Special Warfare Center and School，简称 USAJFKSWCS）的主官以个案的形式作出决定时才能废除。

（3）被终止在特种部队、突击队和空军的服役。但若该申请人是因极端家庭问题或身体状况被终止服役，且这些问题已被解决，则不在此列。

（4）按照美国 972 法典，在现在或过去的服役期间曾失踪过 30 天或以上。

图集五：“特战勇士”竞赛

“特战勇士 2012”竞赛开幕式上，当哥伦比亚国歌和美国国歌奏响时，哥伦比亚国防部长胡安·卡洛斯·布埃诺（中）、美国海军少将、南方特种作战司令部指挥官托马斯·L·布朗（最左边）和参观者一起敬礼致意。“特战勇士”（Fuerzas Comando）竞赛由美国南方司令部发起，共有包括美国、哥伦比亚、秘鲁、巴西、玻利维亚等在内的 21 个国家的特种部队参加，地点位于哥伦比亚托勒麦达堡国家训练中心。

EJÉRCITO DE COLOMBIA
Su causa y la nuestra, es ¡Colombia!

参赛的 21 个国家的特种部队和他们各自的国旗

▲ 参加“特战勇士 2012”多国特种部队竞赛的绿色贝雷帽队员正在练习水上操舟技能。

▲ 在“特战勇士 2012”竞赛武器熟悉环节开始之前，参赛的各国选手在听取裁判讲解安全注意事项。

▲ 在武器熟悉环节，一名来自巴哈马特种部队的选手正在进行手枪射击。

▲ 在武器熟悉环节，一名参赛的巴西特种部队士兵正在检查他的步枪。

▲ 在武器熟悉环节，一名参加“特战勇士”竞赛的绿色贝雷帽队员正在进行步枪射击。

▲ 参赛的各国选手使用 M4 卡宾枪进行射击。

▲ 在 4 英里跑比赛中，一名危地马拉特种兵在越过终点线后敬礼致意。

▲ 一名秘鲁选手在进行仰卧起坐测试。

▲ 美国选手在进行曲臂撑测试。

▲ 一名哥斯达黎加选手在进行俯卧撑测试。

▲ 美国选手在进行引体向上测试。

特种部队预备和训练（SFPC）

为时：25 天

范围：特种部队预备和训练（Special Force Preparation and Conditioning，简称 SFPC）包括体能训练、地图阅读、野外定向理论、野外定向实训和常见任务训练等。

课程描述：SFPC 用于帮助 18X（特种部队候选人）和国民警卫队的 REP-63 士兵们为特种部队评估和选拔（SFAC）课程以及后续的课程做好准备。

特种部队评估和选拔（SFAS）

20 世纪 80 年代中期，时任约翰·F·肯尼迪特种作战中心和学校司令官的詹姆斯·盖斯特准将首次将 SFAS 作为一种遴选机制引入军队。SFAS 课程每年举行 4 次，每次 300 人参加。课程为时 24 天，地点位于北卡莱罗纳州麦克考尔军营的米克·罗维上校特种部队训练基地。SFAS 旨在为后继的特种部队资格课程（SFQC）挑选合适的候选人，只有通过 SFAS 课程的学员才有资格进入随后的特种部队资格课程（SFQC）。

对于那些希望参加 SFAS 训练的志愿者来说，目前有两种途径可供选择：

第一种是针对已经拥有 E-3（上等兵）及以上军衔的现役美国士兵、将被提升到 O-3（上尉）的 O-2（一级中尉）以及已有 O-3 军衔的军官，他们可以直接申请参加 SFAS。

第二种方法称作“最初加入”（Initial Accession，简称 IA）。对于之前没有服役经历的人或是已经退役的人来说，这是一个参加 SFAS 的机会。陆军现役部队和国民警卫队都提供特种部队 IA 项目。陆军现役部队分到的 IA 代码是 18X，因此其项目被称作“18X 项目”。参加 18X 项目的士兵将参加一站式步兵训练（Infantry One Station Unit Training，简称 OSUT，该训练结合了基本作战训练和高级个人训练）、空降学校和一个旨在帮助他们为参加 SFAS 做准备的预备课程。由于其 IA 代码为 18X，这个项目通常被称作“X 光项目”。相应的，该项目的参加者也被称作“X 光”。

在 SFAS 课程中，学员们将不得不面对一系列精心设计的高难度科目，并迫使自己不断挑战和突破人的生理和心理极限。基本的 SFAS 科目包括：

行军：在各种气候条件下进行的昼夜行军，距离和时间不等，但一般是按照由易到难，由短而长的原则。每次行军时，学员们均需背负 50 磅的背包，行军距离严格保密。

跑步：负重或不负重。

障碍课程：旨在测试学员们的体能和耐力，也用于淘汰恐高的或有封闭空间恐惧症的学员。

定向及野外技能训练：旨在测试学员们运用地图和指南针在野外进行定位和标示的能力。

情景反应训练：旨在测试学员们在心理和生理极度疲惫的情况下解决问题的能力。

团队合作训练：旨在测试学员们在压力之下合作共事的能力。在该训练中，学员们需要以团队一员的身份分工协作，完成共同的任务目标。对于陆军特种部队士兵来说，这种能

▲ 特种部队评估和选拔（SFAS）课程要求参训人员进行一系列的体能测试，包括障碍课程。

▲ *2010 年 1 月 13 日，麦考尔军营（Camp MacKall），参加陆军特种部队评估和选拔（SFAS）课程的 04-10 班的学员正在进行原木训练。*

力非常重要。

在 SFAS 课程期间，学员们需要进行许多次远距离野外定向训练。这些训练在不同时间、不同天气下进行，地点均为地形复杂的山地。学员们每次都必须背负很重的装备，在没有教官或其他学员的帮助下独立完成训练。每次野外定向课程都有时间限制，随着课程的进行，时间上限会逐渐减少，但每次课程的距离都不超过 12 英里①。

教官们会根据学员们在以下科目中的表现给予综合评估，包括：障碍跑、团队项目（如 12 人一组在沙地上移动电线杠或旧吉普之类的重物）、陆军体能测试（Army Physical Fitness Test，简称 APFT）、游泳评估以及包括智商测试和国防语言倾向度测试（Defense Language Aptitude Battery，简称 DLAB）等在内的多个心理测评。在 2009 年前，还有一项评估指标，

① 1 英里 = 1.609 千米。

即进行一次不超过32英里（51公里）的行军。这个项目被称作“跋涉项目”（the Trek）或“长距离个人行军”（Long Range Individual Movement，简称LRIM），但已在2009年初被叫停了。

在SFAC课程期间，教官们有计划地剥夺学员们的睡眠和休息时间，并让他们始终处于压力之下。当课程进入第二周时，原有的300名候选人至少有一半，不是自己选择弃权就是被教官踢出去。剩下的人好不容易熬过了24天的SFAS课程，等待他们的将是更加残酷的特种部队资格课程（SFQC）。

那些选择中途退出课程的人被称作“自愿退出”（Voluntarily Withdrawn，简称VW）者，通常被指定为“不再录用”（Not-to-Return，简称NTR）人群。这意味着这些候选人再也没有成为特种部队士兵的机会了。在退出后，现役军官及士兵候选人将回到其原来的部队，而18X候选人则将以11B步兵的身份转至步兵团。如果参与者是“因病掉队”，但没有因此选择中途退出，他们往往能够获得“回炉”的机会，即一旦他们的身体状况允许就可以继续参与课程。那些成功完成课程但是没有入选的候选人（“落选者”）通常会有机会在12-24个月内再次参加选拔。

在SFAS的选拔会上，会有专人向所有参训的现役军人和18X候选人简要介绍5支陆军现役特种部队群、4个直接对他们开放的军事职业专长（Military Operational Specialties，简称MOS）和每支特种部队群所运用的语言。接着，参训者会填写一份“愿望表”，将4种职业专长（18B、18C、18D和18E）按自己的喜好程度排序，参训的军官候选人则直接参加18A课程。无论是普通士兵还是军官候选人，都要按个人喜好排列自己想去的特种部队群（第1、3、5、7、10特种部队群）以及想接受哪种外语的培训。语言选择是根据候选人的国防语言倾向度测试成绩和他们被分配的特种部队确定的。不同的特种部队有不同的责任区域（Ares of Responsibility，简称AOR），因此需要士兵掌握不同的语言。委员会会分配每位现役士兵和军官的军事职业专长、加入的特种部队群以及需要学习的语言。委员会的分配是依照特种部队整体需要而定的，并不能保证完全满足个人的申请，但是通常80%的入选人的首选选项都可以得到满足。

成功入选的现役军人通常会回到原部队等待通知参加特种部队资格课程（SFQC）的时间。由于“最初加入”的18X候选人没有原单位，一般会安排他们立即参加Q课程。所有的特种部队受训者都必须在Q课程第二阶段前完成陆军空降学校的课程。

SFAS 总览

第 1-3 天	第 4-19 天	第 20-22 天	第 23-24 天
入营	野外定向	长途行军	出营
体能测试	地图识别	远距离机动	选拔委员会
游泳评估	指南针课程	常规任务训练站	选拔仪式
负重行军	野外定向实训		安全约谈
APFT 再次测评	野外定向测试		
跑步评估	常规任务训练		
基础急救			
成人基本教育（版本 A）			
明尼苏达多阶段性格测试			
温德利人格测试			

图集六：陆军特种部队狙击手

2014 年 3 月 26 日，北卡罗纳州布拉格堡，在陆军特种作战司令部狙击比赛中，一名绿色贝雷帽队员在进行瞄准。该项赛事的目的是对陆军特种兵的射击技术、团队合作和体能进行检测。

在狙击比赛中，一名美国陆军特种部队狙击手从一栋建筑物的窗口处向外瞄准，他的同伴正在调试三脚架。

两人狙击小组在向目标瞄准。

在狙击比赛中，一名美国陆军特种部队狙击手在瞄准目标，他的同伴则通过仪器收集大气数据。

在陆军特种作战司令部狙击手比赛中，一名来自第7特种部队群的绿色贝雷帽狙击手使用一支.50口径的巴雷特狙击步枪向目标射击，在他的身后，他的搭档正仔细观察弹点分布。比赛在北卡罗来纳州的布拉格堡进行，不仅比拼狙击手的射击精度，也考验他们的团队合作和体能。

在约翰·肯尼迪特种作战中心和学校举办的特种部队狙击手课程（Special Forces Sniper Course，简称SFSC）中，一名严密伪装的绿色贝雷帽狙击手正穿越林地。特种部队狙击手课程为期8周，每年举办5次。在该课程中，学员们将学习半自动射击、弹道计算、战术移动、潜行、伪装等一系列狙击手核心技能。

利用渔网作伪装的第 10 特种部队群狙击手小组。每个狙击小组包括一名射手和一名观察员。图中的射手使用的是 XM2010 型 .300 Winmag 狙击步枪，他后方的观察员正使用望远镜进行观察，为射手提供弹道修正数据。狙击手是特种作战分遣队中的重要编制，每支 12 人的 A 作战分遣队至少配备两名狙击手。

在一次能力展示活动中，一名绿色贝雷帽队员使用 .50 口径 M107 巴雷特反器材狙击步枪向目标射击。

在北约国际特殊训练中心格拉芬沃尔训练区进行的实弹演习结束后，狙击课程教官艾瑞克·卢丹军士长对两名参训的陆军特种部队学员的表现进行反馈。狙击手课程是为期五周，旨在向北约各国特种部队学员教授基本的狙击知识。

当一架由“暗夜潜行者”驾驶的 MH-6“小鸟”直升机搭载游骑兵队员准备对目标发起攻击时，一个绿色贝雷帽 2 人狙击小组为他们提供火力掩护。

射击比赛中，一名陆军特种部队狙击手使用 MK12 特种步枪进行瞄准。MK12 是一种半自动狙击步枪，使用 Mk 262 型 5.56x45 毫米弹药，对远距离目标具备很高的射击精度，被陆军特种部队、海豹突击队和陆军游骑兵等精锐特种部队广泛使用。

在伊拉克拉韦进行的训练活动中，一名绿色贝雷帽队员使用 MK12 特种步枪瞄准目标。MK12 是 AR-15/M-16 突击步枪的改良版，又被称作“特种用途步枪”（Special Purpose Rifle，简称 SPR）。和 7.62 毫米口径 M110 半自动狙击步枪一样，MK12 特种步枪也使用半自动模式，相比自动步枪，它们更受到特种部队的青睐。

特种部队资格课程（SFQC）

特种部队资格课程（Special Forces Qualification Course，简称 SFQC），也叫做“Q 课程”（Q Course）。对于想加入美国特种部队的人来说，这是他们需要参加的首个正式培训项目。SFQC 课程由六个紧紧衔接的训练阶段构成，如果候选人成功完成了所有阶段课程，那么他就能以“特种部队合格士兵”的身份结课。之后，他通常会被分配到一支由 12 人组成的 A 作战分遣队。根据候选人在特种部队里所从事的主要工作和对分到的外语掌握水平的不同，Q 课程的长度也会有所不同，但通常是在 56 至 95 周。

阶段 I：课程导论和历史（7 周）

课程描述：SFQC 第一阶段是特种部队指导课程，又名“导论和历史模块”，由第 1 特种作战训练群（空降）第 4 营主办。该课程为期 7 周，分为六个模块：

模块 A——非传统战争导论

这一阶段的训练有三个目的：第一，让学员了解 SFQC 的所有教学目标和成果；第二，对学员进行游击战战术训练；第三，为学员提供实战及战术环境。其中，第三点最为重要，因为在之后的 SFQC 中，学员将在这一环境下进行训练。从 SFQC 一开始，教官们就让学员们以“G”的身份加入“萝冰·塞奇”项目，向他们介绍非传统作战。学员们将在“萝冰·塞奇”教官以及G主管们的监督下，完成本阶段课程，并充分理解他们在接下来的课程中要面对什么，以及非传统作战在特种部队任务中的重要性。

模块B——特种作战导论

本模块旨在使学员们了解特种部队的历史、组织、属性以及与其使命相关的核心任务。这一模块的课程包括A分遣队和B分遣队的编号惯例、指挥和控制结构、联合特种作战领域、每一个军事职业专长的职责和责任、特种部队的计划、组织、核心使命和任务以及特种作战部队的体能和营养标准。本模块的训练是为了让未来的特种兵了解特种部队对他们的期望值，以及他需要达到什么样的标准才能从SFQC课程毕业并成为一名“绿色贝雷帽”成员。

模块C——空降行动和复习课程

本模块是为了让士兵们保持其跳伞水平，并为他们将在SFQC中遇到的训练做好准备。

模块D——特种部队任务策划

本模块让士兵们了解特种部队任务策划的过程。在士兵们听完军事决策制定课程后，还安排有一个实际操作训练以帮助他们巩固训练内容。

模块E——作战文化和地域分析

本模块是为了让学员对包括作战文化和作战地区系统分析在内的战斗空间有基本的了解。这些课程包括运用某人自己的文化来观察和理解其他人的文化，以及运用PMESII-PT地域分析系统来推断某地的风土人情等。教官将采用“松林地区研究”（Pineland Area Study）来进行基础分析，以使学员对训练环境有更全面的理解。

在北卡罗来纳州布拉格堡进行的特种部队资格课程（SFQC）中，外军学员和美军学员一起参加训练。

阶段 II：语言和文化（18-25 周）

课程描述：SFQC 的第二阶段主要是语言和文化课程。

在 SFAS 结业时，每个士兵都被分配到某种语言。在 SFQC 的第二阶段，他们将接受所分配语言的基本特种作战语言训练。根据难度，语言被分为两类。被分到类别 I 或类别 II 中的语言的士兵将要参加一个为期 18 周的语言训练，而被分到类别 III 和类别 IV 的士兵则要参加一个为期 25 周的语言训练。

学员们将接受的基本语言技能指导包括以下三个方面的内容：说、听以及有限的阅读。训练重点如下：实体系统和社会系统、经济、政治、安全、基础设施、技术信息以及文化和地域研究。语言课程着重于任务使命、亲密度构建技巧、文化缓和策略、解释及翻译控制等功能应用方面。此外，在第二阶段也开启一个渐进的体能训练（PT）项目以为第三阶段做准备。

为了成功完成第二阶段的课程，学员们必须在两场口语熟练度面试中听力和口语均获得 1/1 以上的成绩。

▲ 2011 年 4 月 21 日，约 50 名来自约翰·F·肯尼迪特种作战中心和学校的参加特种部队资格课程的学员帮助清理因龙卷风而受到摧毁的北卡罗来纳州费耶特维尔街区。

阶段 III：小规模部队战术和生存 / 规避 / 抵制 / 逃脱（SERE）训练（13 周）

▲ 在一次实弹演习中，一名绿色贝雷帽队员正在操作一挺 MK47 型自动榴弹发射器。MK47 发射 40 毫米口径高爆榴弹，发射速率 250 发 / 分，射程 2200 米。

课程描述：资格课程的第三阶段为期 13 周，主要内容是小规模部队战术，教授学员在加入 A 作战分遣队后需要用到的入门级战斗技巧。

学员们将掌握以下的战斗技巧：高级射击技术、小规模部队战术、特种部队常规任务、城市作战、任务分析、高级特种作战 1 级、敏感地区开发以及军事决策制定过程等。

在第三阶段末，学员们将参加 C 级 SERE 训练。届时，他们将在行动守则（Code of Conduct）的指导下接受密集的训练，内容包括：野外生存技巧、规避技巧、在各种环境下的抵抗和逃脱技巧。学员们将参加生存与规避实战训练，并在抵抗训练室中进行抵抗训练。这项课程为期 3 周，分为三个阶段。第一阶段是理论学习，约持续 10 天，内容涉及行动守则、SERE 技巧等。其中，SERE 技巧的学习包括课堂训练和实地操作两个部分。第二阶段是为期 5 天的野外训练，学员们将在长距离训练中运用他们的生存及躲避技能去进行获取水和食物、隐蔽生火、搭建掩蔽处以及躲避追踪犬及敌方力量搜捕等科目的演练。第三阶段将在抵抗训练室进行，测试学员独立或集体抵抗询问和审讯的能力，以及在模拟囚禁时运用行动守则中相关规定的能力。

▲ 在一次训练演习中，一名陆军特种部队士兵在空军特种作战司令部战斗控制员（Combat Controller，简称 CCT）的帮助下呼唤空中力量，对敌方目标实施打击。陆军特种部队作战分遣队具备独立协调空中打击的能力，但一般会在空军战斗控制员的协助下进行。

阶段 IV：军事职业专长（MOS）训练（14-50 周）

特种部队军事职业专长（MOS）训练包括 18A、18B、18C、18D、18E 等五个方面，对象涵盖军官和士兵，内容涵盖通信、工程、医疗、武器和情报。具体来说，包括：军事决策制定过程；特种作战任务规划；适应性思考和领导力；特种侦察；直接行动；非传统作战；外国内部防御；反暴乱行动；城市作战；跨部门作战；战斗技巧；高级特种作战技巧；OPFUND 管理；国力考虑因素；文化；核心任务深度分析；信息战；A 分遣队训练的规划和实施以及三次实地演练。

18A——特种部队分遣队军官（2E-18A）： 特种部队 A 作战分遣队指挥官应为已获得 18A MOS 的上尉，他指挥整个分遣队，并对该分遣队一切所作所为及未能完成的任务负责。他还可能指挥行动地区当地的营级作战武装或给他们提供建议和训练。此外，身处国外的分遣队指挥官还会定期与所在国的包括大使、国防部长以及总统等人见面并交换意见。分遣队指挥官应确保其领导的分遣队训练充分，可以在任何时间、任何地点、任何环境作战；还要确保他本人及其分遣队中的所有成员都接受其所分配的装备和职责的交叉训练，以保证如果在执行任务中出现成员伤亡，可以迅速做出应对。

必备条件：必须在参加 AOC 训练之前成功通过特种部队介绍课程、语言课程、小规模部队战术（SUT）以及 SERE 训练等。如欲破格录取，该候选人必须有肯尼迪特种作战中心及学校主官签署的豁免函。

目的：18A 是特种部队的重要基层军官，本阶段课程旨在就 18A 的任务和所应达到的能力对入选军官进行培训，以使他们能够履行特种部队 A 分遣队指挥官的职责。

课程描述：本阶段课程着眼于培养与特种部队核心任务相关的全方位问题分析能力和制定解决方案的能力。

模块 A——特种部队任务分析和策划：此模块为军官学员介绍特种部队任务专属软件；火力支援；IO 介绍；运用 MDMP 规划任务；目标分析；渗入 / 撤出规划。

模块 B——适应性思考和人际关系技能：此模块开发军官在不均衡环境中作战的能力。一个适应性强的领导可以在一个动态模糊的环境中，通过影响身边的人、提供目的、指导及其期待的结果等方式，本能地同时识别并解决不同等级的难题。

模块 C——特种侦察 / 直接行动：本模块教授学员特种侦察及直接行动任务的相关理论，并为学员大致介绍敏感地区勘测（Sensitive Site Exploitation，简称 SSE）行动和目标地点勘测（Target Site Exploitation，简称 TSE）行动的相关知识。

模块 D——外国内部防御行动（Foreign Internal Defense，简称 FID）/ 反暴乱：此模块培养军官基于策略规划 FID 支持的能力，并训练军官运用平衡、区中心、情报导向的方法论，在整个作战范围内进行致命或非致命的作战。该模块还强调联合行动、多国行动和跨部门行动等协作行动的重要性，以及建立并运作支持任务的非正式指挥关系对激发军官潜在能力的极度重要性。在本模块中，学员还要与东道国的同行一起进行外国内部防御 / 联合交流训练实战演习（Foreign Internal Defense/ Joint Combined Exchange Training Field training exercise，简称 FID/JCET FTX）。

模块 E——非传统作战：此模块教授军官学员暴乱的各个发展历程以及如何识别暴乱的各个组成部分。本课程将模拟美国发起的暴乱的七个阶段，学员需要在实战演习中发挥自己的作用。此外，本模块还展现了非传统作战是如何在地理作战司令战役计划（Geographic Combatant Commander' s Campaign Plan）初级阶段中作为一种策略选择运用的。而且，本模块还包括非传统作战案例研究（UW Case Studies）、案例研究简报（Case Studies Brief）

以及飞行员小队非传统作战实战演习（UW Pilot Team FTX）等内容。

模块 F——高级特种作战：本模块帮助学员熟悉、掌握高级特种作战的基本要素。

模块 J——军事职业专长（MOS）交叉训练：此模块让学员了解并学习特种部队 A 分遣队中每个 MOS 成员的职责、责任以及应具备的能力，了解在特种部队资格课程（SFQC）中，18B（武器军士）、18C（工程军士）、18D（医疗军士）和 18E（通信军士）的训练内容分别是什么，并使学员熟悉特种部队中准尉、作战军士及情报军士甚至是分遣队指挥官的角色。此外，本模块还为 18A（特种部队军官）学员提供有限的 MOS 交叉训练。

▲ 在联合演习中，陆军特种部队成员从一架美国空军的 CV-22 "鱼鹰" 倾转旋翼飞机上快速绳降而下。这架 "鱼鹰" 隶属美国空军第 8 特种作战中队（Special Operations Squadrons，简称 SOS）。

18B——武器军士（011-18B30-C45）：武器军士了解全世界所有武器系统的应用知识，也广泛了解美国和其它国家使用的各类小型武器、冲锋枪、机枪、榴弹发射器、直瞄射击和间瞄射击武器（迫击炮）和反坦克导弹等。他们学习并了解美国和其它国家防空和反坦克武器系统的性能、特点、战术训练和射程，也学习如何训练他人进行射击和使用武器。武器军士作为战术任务指挥，运用传统和非传统战术及技巧，可以训练或指挥作战地区连级及以下规模的本土武装力量，或为他们提供建议。

必要条件：学员必须在参加 MOS 训练之前成功通过特种部队介绍课程、小规模部队战术、SERE（生存 / 规避 / 抵抗 / 逃脱）训练等。如欲破格录取，必须有肯尼迪特种作战中心及学校主官签署的豁免函。

目的：训练被选中的学员掌握关键的军事职业专长和实施 18B30 技能等级任务的能力，使其能够胜任特种部队 A 分遣队特种作战武器军士的职责。

课程描述：直瞄射击和间瞄射击系统和操作步骤；迫击炮、轻型武器和重型武器、狙击手系统、反装甲系统、前线观察员和火力引导中心、近距离空中支援、战斗技能；格斗；计划和实施训练；实地演练。

模块 A ——轻型武器：本模块的目的是培养武器军士使用、维护美国或国外的手枪、步枪、霰弹枪、冲锋枪、机枪和榴弹发射器等武器打击目标的能力。

模块 B ——重型武器：本模块的目的在于培养武器军士熟练使用、维护美国或国外的反装甲武器、班组支援武器、迫击炮等武器打击目标以及观察打击效果的能力。

模块 C ——战术：本模块旨在令武器军士熟练掌握排以下规模的特种部队及轻步兵战术。

模块 D ——战术实地演练（FTX）：本模块旨在培养学员运用和巩固特种部队武器军士所应掌握的知识和技能，以增进学员对这个岗位的理解。在特种作战行动中，武器军士的战术、技巧和程序对任务计划的制定具有关键影响。

18C——工程军士（011-18C30-C45）： 工程军士是运用进攻和防御作战工程能力的专家，能够完成拆除建筑、布设和排除各种地雷、爆破、制造简易炸弹、建造建筑、侦察和目标分析等任务。建筑模块要求士兵们学习如何看懂并自行设计建筑蓝图、建造战地建筑以及野战工事等。后者常被 A 分遣队作为火力基地使用。特种部队工程军士受过爆破技能的初级至高级训练，能够与美国、他国或民间爆破组织合作，使用电动或非电动起爆装置摧毁目标。工程军士可以用英语或指定语言计划、监督、领导、执行和指导战斗工程、爆破行动和战场建造等工作，还能够训练或指挥作战地区连级及以下规模的本土武装力量，或为他们提供建议。

必要条件：学员必须在参加 MOS 训练之前成功通过特种部队介绍课程、SUT、语言测试、SERE（生存／躲避／抵抗／逃脱）训练等。如欲破格录取，必须有肯尼迪特种作战中心及学校主官签署的豁免函。

目的：训练被选中的学员掌握关键的军事职业专长和实施 18C30 技能等级任务的能力，使其能够胜任特种部队 A 分遣队特种作战工程军士的职责。

课程描述：基础军事设施的建造技巧和步骤；初级至中级拆除技能；特种部队基础设施和未爆炸军火／简易爆炸装置（Unexploded Ordnance/ Improvised Explosive Device，简称 UXO/IED）；目标分析／封锁和任务规划；战斗技能；格斗；计划和实施训练；实地演练等。

模块 A ——爆破：本模块旨在让学员对以下内容有基本的了解：爆破的理论、特征及其常见用途，不同爆炸规模炸药的配方以及准备并放置这些炸药的标准方法。课程计划包括爆破入门技巧、爆破材料、爆破安全、火力系统、计算及放置炸药以及应急爆破等。

模块 B—— 特种部队建设：该模块旨在让学员了解特种部队工程师这一职责并进行相关训练，包括：读懂或自行设计建筑蓝图；建造石墙；焊接或加固建筑；确定障碍物、铁丝网、作战地点、燃料库、避难处、营区建造 / 防御工程、铲土机 / 拖拉机等重型设备、管道和后勤设施的类型并选定合适地址。

模块 C——未爆炸军火 / 简易爆炸装置：让学员了解制造、拆除和安置特定用途的未爆炸军火，如简易爆炸装置、自制炸弹等，并进行相关训练。

模块 D——侦察：让学员们了解目标分析与封锁、任务规划等相关技能。

模块 E——工程实地训练：以外国内部防御任务为背景，完成 18C 特种部队工程军士实地训练任务。

18D——医疗军士（011-18D30-C45）：特种部队医疗军士是创伤处理、传染性疾病、

▲ *2010 年 2 月 23 日，在一次击毙或俘获训练（kill or capture training）中，绿色贝雷帽队员们正在等待闪光弹的烟幕散去后，突入模拟建筑，抓住藏身在其中的兴趣人物（Person of Interest，简称 POI）。*

心脏生命支持和外科手术等方面的专家，同时也对兽医学和牙科治疗有基本的了解。医疗军士们为分遣队队员、同盟国士兵和作战地区的当地人员提供急救、定期检查和长期治疗等服务。他们还为动物提供医疗服务。在医疗军士所接受的训练中，健康保健被给予和急救治疗同样的重视。在长期的非常规战争中，他们负责建立野战医疗设施，以支援部队的作战行动。他们还负责准备地区研究、简报及作战计划和命令中的医疗部分的内容。被选入 MOS 18D 的士兵们将参加为期 250 天的医疗训练，每年还要花两个月的时间去医院的急诊室轮岗，从事与创伤相关的工作。医疗训练阶段还包括一个得到行业认可的医疗技师护理项目。在外国开展作战行动时，医疗军士们还可以为当地的连级及以下规模的武装力量提供建议和训练，必要时也可直接指挥他们作战。

18E——通信军士（011-18E30-C45）：特种部队通信军士必须学习美国乃至全世界的通信系统。他需要将这些知识和技能吸收进自己的通信计划中，并教给 A 分遣队其他成员。通信军士对通信基础知识、程序、计算机技术、装配及系统应用等有深刻的认识，还必须了解通信理论——如何安装、操作和维护 FM、AM、HF/VHF 和 UHF 无线电系统。此外，他们还必须能够通过语音或数据进行通信，以及运用计算机系统和网络解读语音或数据无线电网络。通信军士是发送和接收信息的专家，这些信息非常关键，是将 A 分遣队与指挥和控制部门相联通的唯一途径。通信军士负责地区研究、简报和作战计划及命令中的通信部分。他们对天线理论和无线电传播十分熟悉，也善于将此类信息教授给别人。他们可以对作战行动地区内的本土武装进行建议和训练，必要时也可直接指挥连级及以下规模的部队。

必要条件：学员必须在参加 MOS 训练之前成功通过特种部队介绍课程、SUT、SERE（生存／规避／抵抗／逃脱）训练等。如欲破格录取，必须有肯尼迪特种作战中心及学校主官签署的豁免函。

课程描述：本课程就计算机应用、卫星传输、天线理论、无线电传播等领域的技能对学员进行培训。士兵们将学习如何在野外搭建天线、运用通信程序和技巧以及通过 HF、VHF 和 UHF 频率进行通信等，并在课程最后进行实地演练。本课程的目标是培养能够熟练部署和运用特种部队、联合部队和跨部门通信的世界顶尖的特种部队通信专家。

模块 A——课程导论：本模块让学员了解 18E 课程包含什么内容以及学员在参加课程时的评估计划和实施方式。

模块 B——计算机应用：本模块为学员提供 A+ 和 NET+ 训练，让他们成为此类计算机应用的专家。A+ 训练培养士兵们就电脑的基础部件、硬盘、电源适配器、主板、声卡及其它电脑内部部件进行故障排除和修复的基本能力。而 Net+ 训练则给士兵提供关于局域网

（LAN）和广域网（WAN）等计算机网络以及设置服务器和路由器的必备知识。在本模块的最后，学生们将做好获得由外部认证的 CompTIA+ 网络及安全证书的准备。

模块 C——通信步骤：本模块向士兵提供基础通信基本原理的理论知识，包括当他们成为特种部队通信军士后需要掌握的基础无线电理论、基础电路、无线电话程序、信号操作、通信安全、电子装置、信息战 / 电子战等相关知识。

模块 D——常见军用无线电：本模块给予学员关于陆军常用无线电操作和无线电安全系统等方面的指导，如 AN/PRC-148、AN/PRC119F、AN/PYQ-10 简单密钥装载机和 AN/CYZ-10 电子传输设备等。

模块 E——卫星通信：士兵们将学习卫星理论，还要学习并掌握 AN/PSC-5C/D、AN/PRC-117G 和 BGAN 天线等卫星电台的理论和操作技能。此外，他们还要接受培训，学习如何使用 VIASAT、PDA-184 及 MoVer 等多种计算机应用来安装、操作并保持卫星通讯连接。

模块 F——通信策划：通信策划模块指导学员通信策划相关事宜，如选取传输地点、特种部队通信军士的职责和责任、特种部队群中的信号支持、MDMP、任务策划，并准备作战指令信号附件。

模块 G——高频通信：本模块指导学员如何使用高频（High Frequency，简称 HF）无线电频谱进行通信，包括天线理论和无线电传播培训以及计算长度以决定如何运用 HF 天线进行短、中、长距离通信。该模块也教授学员如何操作 AN/PRC-137 特种任务无线电设备（Special Mission Radio Set，简称 SMRS）和 AN/PRC-150，以及如何对它们进行故障排查。

模块 I——实地演练：此模块要求士兵运用特种部队通信军士课程中教授的设备和操作程序完成指定任务，并对其熟练度和技巧进行打分。每个希望成为特种部队通信军士的参训者都必须通过该项考试。

图集七：近距战斗（CQB）训练

2014 年 1 月 23 日，阿富汗喀布尔省突击队军营（Camp Commando），隶属阿富汗联合特种作战特遣队的一个陆军特种部队小组在练习近距战斗技巧。

CQB 训练中的绿色贝雷帽队员

一名绿色贝雷帽队员在门上设置爆破装置，模拟攻击行动。

绿色贝雷帽队员准备突入房间，实施清扫行动。

绿色贝雷帽队员突入房间。注意他们的站位。

在近距战斗（CQB）训练中，绿色贝雷帽队员突入房间。CQB 是陆军特种部队重要的训练内容之一，对队员的沟通、纪律、团队协作和快速识别 / 摧毁目标的能力提出了很高的要求。

▲ 在科罗拉多州卡森堡进行的 CQB 训练中，来自第 10 特种部队群的绿色贝雷帽队员准备突入房间，实施清扫行动。在绿色贝雷帽的术语中，这种用于 CQB 训练的模拟房间被称作“射击屋”。

▲ 2009 年 9 月 30 日，在科罗拉多州卡森堡进行的演习中，来自第 10 特种部队群第 3 营的绿色贝雷帽队员正在进行 CQB 训练。

▲ 在 CQB 训练中，一名绿色贝雷帽队员在移动中使用 MK18 CQBR 卡宾枪进行射击。

▲ CQB 训练中，一名隶属第 3 特种部队群第 3 营 A 连的绿色贝雷帽队员在练习房间清扫技能。

▲ 在 CQB 训练中，来自第 3 特种部队群第 3 营 A 连的陆军特种部队成员在进行 4 人小组房屋清扫行动演示。在全球反恐战争中，CQB 技能是被各特种部队反复用到的核心技能之一。

阶段 V：非传统作战演练（4 周）

自 1974 年起，作为特种部队资格课程（SFQC）的高潮，罗冰·塞奇非常规作战演练就成为横挡在那些为加入“绿色贝雷帽”部队而竭尽全力的士兵们面前的最后一道障碍。在 1974 年前也有类似的训练，当时它们被称作“魔鬼之箭”（Devil's Arrow）、“快速打击”（Swift Strike）或“美国游击队”（Guerrilla USA）。萝冰·塞奇演练在北卡莱罗纳的乡间地带进行，士兵们必须将他们在 SFQC 中学到的所有技能熟练地加以应用。演练分为两个阶段进行。在此期间，学员们首次被分配到特种作战 A 分遣队中，从接受任务开始，到计划任务、渗透进入、实施任务再到完成撤离，他们都处在教官们的全程指导和监督之下。

在第一周，学员们要学会运用小组指导教学法来在非传统作战环境中存活和获胜的技巧。剩下来的三周重点关注任务的规划和技巧的应用。学员们将被送至一个模拟的充满武装冲突的政局不稳定环境中，这迫使学员们独立思考并组成集体来解决问题。萝冰·塞奇项目成功的关键是运用了游击队，这使得该项目显得十分真实。A 分遣队必须先评价 G 部队的作战效能，再给 G 部队提供各类 MOS 的个人训练以及小规模部队基础战术。与此同时，A 队还

▲ 罗宾·塞奇演习中的陆军特种部队学员。罗宾·塞奇演习是特种部队资格课程（SFQC）的最后环节，由第 1 特种作战训练群（Ist Special Warfare Training Group）负责组织。

要随时应对非对称挑战。对于特种部队士兵来说，语言十分重要，因此萝冰·塞奇项目也设立了语言技能测试。在这次实训中，A分遣队必须展示出他们对非传统作战理论和实战技巧的了解。

通过参加这个严格、逼真的实训，未来的特种部队士兵们学会了各种技能，也奠定了作为A特遣队的一员，成功克服各类任务挑战的信心。

在隔离训练的最后一天，A分遣队要向特种部队营的指挥部提交一个计划。在该计划中，分遣队指挥官必须解释他将准备如何执行任务。第二天，学员们就要通过空中渗透的方式秘密进入“松林人民共和国”。随后，他们将与当地的游击力量取得联系并开始萝冰·塞奇项目。学员们的任务是给游击队提供训练、建议和协助，教会游击队员武器、通信、医疗和爆破等诸多军事专长，使他们有能力将自己的国家从压迫中解放出来。这是SFQC学员们在最终成为“绿色贝雷帽”队员之前的最后的课程。

萝冰·塞奇项目包括近100名特种部队学员、100名反暴乱人员、200名游击队员、40名辅助人员及50名教官。北卡罗莱纳州当地的组织也以扮演“松林人民共和国”居民的方式参加这个实训。该项目在北卡莱罗纳州一块近50，000平方英里（130，000平方公里）的土地上进行。许多反暴乱人员和游击队员都是由北卡罗莱纳州当地的居民扮演的，他们都会获得相应的经济补贴。游击队队长——G队长——有时是由退役的特种部队人员来扮演的。陆军预备军官训练营（ROTC）的军官曾在萝冰·塞奇演练中扮演过反暴乱人员或游击队员，但自2009年夏天以后，再也没有ROTC军官参与这个项目了。

在2002年2月23日的一次萝冰·塞奇演练中，摩尔郡的副治安官兰德尔·巴特勒在停车检查时将31岁的塔拉斯·托姆尼射死，并将25岁的参谋军士史蒂芬·菲尔普斯射伤。这两位士兵以为巴特勒知道萝冰·塞奇训练，所以在停车临检时，试图用“顿”（Don，松林国货币）向他进行贿赂。巴特勒几乎将他所有的化学喷雾都喷到了托姆尼身上。托姆尼连连后退，踩了倒车板并尖叫着摇头。而此时菲尔普斯仍以为副治安官也是萝冰·塞奇训练的一部分，于是他抓起包拿着机枪逃走以寻求帮助。巴特勒给了托姆尼一枪，然后在两次告诫菲利普斯把手举起来后，射中了正在逃跑的菲利普斯。在这次事件之前，军方一直坚定地认为北卡罗来纳州的执法人员都对这个项目很熟悉。如今，在萝冰·塞奇训练开始之前，报纸上就会进行相关宣传，而且参加这个训练的执法人员也需要穿戴特别的制服。

2009 年 10 月 27 日，北卡罗纳州就菲利普斯起诉巴特勒及莫尔郡治安官办公室一案，判定菲利普斯获得 750，000 美元赔偿。此外，治安官办公室也通过庭外和解的方式解决了对托姆尼的赔偿。关于巴特勒对那场枪击事件的证词，法庭陪审员们表示他们不完全相信这就是实情。

第 VI 阶段：毕业（一周）

第六阶段为期一周，是整个课程的最后一个阶段。在毕业典礼上，当学员们第一次带上贝雷帽的时候，他们就成为了这支传奇部队中的正式一员。

SFQC 概览

课程导论和历史	语言和文化	SUT 和 SERE
第一阶段：为时 7 周	第二阶段：为时 18-25 周	第三阶段：为时 13 周
特种部队传统	类别 I & II - 18 周：	小规模部队战术
给萝冰 · 塞奇的 G 支援	法语、印尼语和西班牙语	高级射击技能
特种部队核心任务 & 指挥和控制	类别 III & IV- 25 周：	特种部队常用技能
野外定向 & 小规模部队战术（SUT）介绍	阿拉伯语、汉语 - 普通话、捷克语、丹麦语、匈牙利语、韩语、普什图语、波斯语、波兰语、俄语、塔加拉语、泰语、土耳其语和乌尔都语	反暴乱实战演习（Filed Training Exercise，简称 FTX）
特种部队历史	应用翻译	城市作战
适应性领导者理论	必须在第三阶段开始前通过口语流利程度面试（Oral Proficiency Interview，简称 OPI）	实弹演练

基础行动的文化及地域分析	渐进式 PT 项目	敏感位置勘测（SSE）
健康测试和评估		军事决定形成过程（MDMP）
家庭计划		生存/规避/抵抗/逃脱（SERE）训练
分配 IODA 教官		
陆军特种作战部队（ARSOF）核心属性		
军事职业专长（MOS）训练	**非传统作战演练**	**毕业**
第四阶段：为时 14-50 周	第五阶段：为时 4 周	第六阶段：为时 1 周
MOS- 14 周：	非传统作战演练	团的介绍
18 A，分队军官	游击战	分配作战部队
18 B，武器军士	支援抵抗运动	群指挥小组介绍
18 C，工程军士	空中行动	颁发个人奖项
18 E，通信军士	非传统作战任务分析和计划	颁发特种部队徽章和绿色贝雷帽
MOS - 50 周：	渗透和撤离技巧	获得特种部队军官和军士任命
18 D, 医疗军士	建立联系	
	谈判和调解	
	高级特种作战第 1 阶段（PE）ASO 应用演习	
	语言和文化应用	

特种部队进阶训练

在加入特种部队后，绿色贝雷帽队员们仍要继续进行训练，以维持他们的专业技能并学习新的技能。这些训练包括：

· 特种部队高级城市作战（Special Forces Advanced Urban Combat，简称SFAUC）

· 战术战斗伤员护理（Tactical Combat Casualty Care，简称TCCC）

· 特种作战终端攻击控制员课程（Special Operations Terminal Attack Controller Course，简称SOTACC）

· 固定拉绳跳伞专家课程（Static Line Jumpmaster Course）

· 高级特种作战技巧（Advanced Special Operations Techniques，简称ASOT）

· 多用途军犬训犬员课程（Multipurspose Canine Handlers Course）

· 中级语言训练（Intermediate Language Training）

· 高级语言训练（Advanced Language Training）

· 特种部队战斗潜水资格课程（Special Forces Combat Diver Qualification Course，简称SFCDQC）

· 高级特种作战技巧（Advanced Special Operations Techniques，简称ASOT）

· 特种部队战斗潜水教官课程（Special Forces Combat Diving Supervisor Course，简称CDSC）

· 特种部队战斗潜水卫生员课程（Special Forces Combat Diving Medical Technician，简称CDMT）

· 军事自由落体跳伞员课程（Military Free-Fall Parachutist Course，简称 MFFPC）

· 军士自由落体跳伞专家课程（Military Free Fall Jumpmaster Course，简称 MFFJM）

· 军事自由落体跳伞教官课程（Military Free Fall Instructor Course，简称 MFFIC）

· 军事自由落体跳伞高级战术渗透课程（Military Free-Fall Advanced Tactical Infiltration Course，简称 ATIC）

· 特种部队情报军士课程（Special Forces Intelligence Sergeant Course，简称 SFISC）

· 高级特种作战管理员课程（Advanced Special Operations Managers Course，简称 ASOMC）

· 特种部队技术侦察课程（Special Forces Technical Surveillance，简称 SFTSC）

· 特种部队网络发展课程（Special Forces Network Development Course，简称 NDC）

· 非常规战争作战策划课程（Unconventional Warfare Operational Design Course，简称 UWODC）

· 特种作战部队数字化射击训练（SOF Digital Targeting Training，简称 STTE）

· 特种作战部队敏感位置开发及技术开发课程（SOF Sensitive Site Exploitation, Technical Exploitation Course，简称 SOFSSE）

· 特种作战部队敏感位置开发者高级课程（SOF Sensitive Site Exploitation Operator Advanced Course，简称 OAC）

· 特种部队狙击手课程（Special Forces Sniper Course，简称 SFSC，以前叫 SOITC）

· 特种部队高级侦察／目标分析／爆破技巧课程（Special Forces Advanced Reconaissance Target Analysis Exploitation Techniques Course，简称 SFARTAETC）

· 特种部队高级登山课程（Special Forces Senior Mountaineering Course）

· 特种部队登山专家课程（Special Forces Master Mountaineering Course）

· 特种作战分析与情报课程（Special Operations Analytics and Intelligence Course，简称 SOAIC）（本课程尚处于构建阶段）

· 特种部队人身安全课程（Special Forces Physical Surveillance Course）（本课程尚处于构建阶段）

这些技能既被用于执行战斗任务，也被用于执行非战斗行动。例如，特种部队医疗军士（18D）就常常在两次部署之间在军队和平民的急诊室工作。此外，作为陆军特种部队传统任务之一，对其他国家武装力量进行建议和指导也占了重要的一部分。在特种部队成员的整个职业生涯中，他们会广泛参与为其他部门或同盟国武装提供的各种各样的特种作战训练。

2012 年 8 月 28 日，北卡罗来纳州布拉格堡肯尼迪特种作战中心和学校，绿色贝雷帽队员乘坐 MH-60“黑鹰”直升机参加特种部队高级侦察 / 目标分析 / 爆破技巧课程（Special Forces Advanced Reconnaissance, Target Analysis, and Exploitation Techniques Course，简称 SFARTAETC）训练。

参加特种部队高级侦察 / 目标分析 / 爆破技巧（SFARTAETC）课程的绿色贝雷帽队员从 UH-60“黑鹰”直升机上快速绳降滑下后，迅速对嫌疑车辆进行拦截和搜查。该课程教授 CIF 连成员需要掌握的各种技能，包括：战斗射击、室内近距战斗、爆炸和机械破门。学员们要在专门搭建的建筑或靶场内按照既设场景练习武器使用和攻击技巧。在伊拉克、阿富汗和非洲之角进行的反恐战争中，各 CIF 连均大显身手。

陆军特种部队成员们在演练拦截目标车辆，并对车辆上的人员进行控制。

绿色贝雷帽队员在进行车辆拦截和搜查演练。

参加特种部队高级侦察/目标分析/爆破技巧（SFARTAETC）课程的绿色贝雷帽队员。每个特种部队群中都设有一支指挥官应急力量（Commander's In-Extremis Force，简称CIF）连。和特种部队群下辖的其它单位不同的是，CIF连主要关注直接行动（Direct Action）任务，而不是非传统战争（Unconventional Warfare）任务。相应地，CIF连对CQB战术的训练要远远多于其它特种部队连。CIF连还是特种部队群中专门负责训练外国反恐单位的连队。

参加特种部队高级侦察/目标分析/爆破技巧课程（SFARTAETC）训练的绿色贝雷帽队员押解一名模拟敌人，准备登上前来接应的UH-60“黑鹰”直升机。

▲ 在内华达测试和训练场（Nevada Test and Training Range，简称NTTR）城市作战中心（Urban Operations Center）进行的人质营救训练中，绿色贝雷帽队员从一辆“悍马”车跳下。

▲ 训练中的绿色贝雷帽队员。他的M4A1卡宾枪的透明弹匣里面装有训练用的标记弹。标记弹是一种非致命性子弹，内含溶水性颜料，击中对手后不会造成伤害，但会留下印记。参训者会根据印记的部位来评判伤害的程度。

▲ 训练中的绿色贝雷帽队员

▲ 绿色贝雷帽队员护送一名模拟获救的村老女儿登上一辆在路边等待的悍马车，准备撤离。

▲ CQB 训练中，一名陆军特种部队士兵依托轿车前部，使用 Mk18 CQBR 卡宾枪进行射击。该枪枪管长为 10 英寸，枪上配有 EOtech533 瞄准镜和 AN/PEQ-15 瞄准镜。

▲ 在 CQB 训练中，绿色贝雷帽队员依托一辆“雪佛莱”轿车的尾部向目标射击。

▲ 在近距战斗（CQB）训练中，一名绿色贝雷帽队员依托汽车尾部为队友提供火力掩护，他使用的是装有 SOPMOD Block II 模块、发射 5.56×45 毫米弹药的 M4 CQBR 卡宾枪。

▲ 在 CQB 训练中，绿色贝雷帽队员依托汽车向目标射击。

▲ 参加特种部队战斗潜水资格课程（Special Forces Combat Diver Qualification Course，简称 SFCDQC）的绿色贝雷帽队员从一架美国陆军 MH-47“支奴干”直升机的尾舱门跳入水中。特种部队战斗潜水资格课程为期 7 周，地点位于佛罗里达周基韦斯特的水下作战学校。

▲ 参加战斗潜水资格课程的绿色贝雷帽队员搭乘一艘战斗橡胶突袭舟（CRRC）向海滩冲击。在该课程中，学员们将学习一系列的两栖渗透 / 撤离技巧，包括 SCUBA 潜水、小型舟艇行动和直升机跳水等。通过该课程的学员将会获得战斗潜水标识（Combat Diver Qualification Badge）。

▲ 参加战斗潜水资格课程学习的绿色贝雷帽学员搭乘战斗橡胶突袭舟登岸。

▲ 一名陆军特种部队登山专家课程（Master Mountaineering Course）的教官向学员展示如何使用凿子和钉鞋在冰雪覆盖的山岩上进行攀登作业。陆军特种部队山地小队的成员必须参加位于科罗拉多州落基山国家公园的特种部队高级山地作战学校（Special Forces Advanced Mountain Operations School，简称 SFAMOS）举办的山地作战课程。该课程包括特种部队高级登山课程（2 级）和特种部队登山专家课程（1 级）。

在陆军特种部队司令部登山专家课程（Master Mountaineer course）中，一名来自第 10 特种部队群的学员正在攀爬沃辛顿冰川。

参加特种部队高级城市作战（Special Forces Advanced Urban Combat，简称 SFAUC）课程的绿色贝雷帽队员正在进行 CQB 训练。SFAUC 课程由各特种部队群自行组织，为期 15 天，旨在教授 ODA 小队在陌生、敌对的城市地区进行作战的技巧。

在科罗拉多州卡森堡进行的特种部队高级城市作战训练（Special Forces Advanced Urban Combat training）中，一名来自第 10 特种部队群第 3 营的绿色贝雷帽队员正依托障碍进行射击。

特种部队高级城市作战训练（Special Forces Advanced Urban Combat training）中，一名来自第 10 特种部队群第 3 营的绿色贝雷帽队员依托障碍进行射击。

▲ 在科罗拉多州卡森堡进行的特种部队高级城市作战训练（Special Forces Advanced Urban Combat training）中，一名来自第 10 特种部队群第 3 营的绿色贝雷帽队员正进行立姿步枪射击。

▲ 在布拉格堡约翰·肯尼迪特种作战中心和学校举办的指挥军士长挑战赛（Command Sergeant Major's Challenge）中，一名绿色贝雷帽队员手持 M9 手枪进行射击。M9 手枪是美军的制式手枪，发射 9×19 毫米帕拉贝鲁姆弹。

第三章 >>

03 历史和现状

陆军特种部队

1951年5月，美国陆军心理战中心（Army Psychological Warfare Center）成立了一个新的部门——特种作战部。艾伦·班克上校被指定为该部门的负责人。紧接着，第一支陆军特种部队——第10特种部队群于1952年6月组建，由艾伦·班克上校任指挥官，小威廉·C·马丁少校任执行官。

陆军特种部队成立之初，其主要任务是从事非常规战争。具体来说，就是在被占领国家，担任抵抗力量的骨干和核心，训练和领导游击作战。特种部队的座右铭“De oppresso libre”（拉丁语，意为“解放被压迫者”）就反映出了这一历史使命。从这个意义上来说，特种部队早期的任务和二战时期战略服务局行动群（OG）下辖的杰德堡小队十分相似。杰德堡小队以三人为一组，活跃在德军后方，领导法国抵抗力量。艾伦·班克上校就曾服务于战略服务局，并在诺曼底战役前负责杰德堡小队。但相比于领导敌后抵抗力量，行动群更专注于执行特种侦察和直接行动任务。

另一支被认为与陆军特种部队起源关联颇大的部队是第1特勤部队。该部队是一支美国-加拿大联合部队，成立于1942年，于1944年解散。1983年，第1特勤部队的成员因其在陆军特种部队历史上的作用而被追授“特种部队标志”。为了纪念这种历史性的联系，如今，第1特种部队群和加拿大特种作战团每年都会举行为时一个星期的联合演习。该演习又被称为“芒通周”。

也是在二战期间，在日本占领下的菲律宾群岛上，曾活跃着由菲律宾人和美国人组成的游击队。尽管这段历史并不被认可为陆军特种部队历史的一部分，但是早期的一些陆军特种部队领导者确实参与其中。这些人中包括拉塞尔·沃尔克曼、唐纳德·布莱克伯恩和温德尔·菲尔蒂希等。沃尔克曼曾在北吕宋岛和朝鲜指挥游击作战，布莱克伯恩也曾在北吕宋军队中服役，而菲尔蒂希则曾在棉兰老岛发展了一支师级规模的部队。

朝鲜战争

在朝鲜战争中，联合国军一方的南朝鲜游击队在北朝鲜沿岸的岛屿和敌人战线后方频频活动。起初，这些部队被称作第 8086 陆军部队，后来则被称为远东指挥联络分遣队（朝鲜）（Fareast Command Liaison Detachment, Korea，简称 FECLD-K）第 8240 陆军部队。该部队的任务包括指挥南朝鲜游击队对北朝鲜军事目标发动袭击、袭扰，以及营救被击落的飞行员等。

当最早的陆军特种部队——第 10 特种部队群（空降）于 1952 年 6 月 19 日正式成立时，距离朝鲜战争爆发的 1950 年 6 月 25 日已经过去两年多了。因此，在朝鲜战争中，陆军特种部队并没有作为一支独立的部队作战。但是，在朝鲜战争中获得的经验却深远地影响了美国陆军特种部队的理念和发展。

▲ 2011 年 11 月 17 日，在弗吉尼亚州阿林顿国家公墓约翰·肯尼迪总统墓地前举行的献花圈仪式上，美国第 3 步兵团的士兵（又称“老卫军”）站立敬礼。该仪式由美国陆军特种部队司令部举办，第 3 步兵团支持，以纪念美国陆军特种部队获准佩戴绿色贝雷帽这一历史性事件 50 周年。

2011 年 11 月 17 日，在阿林顿国家公墓约翰·肯尼迪总统墓前进行的敬献花圈仪式上，来自美国陆军七个特种部队群的代表伫立行注目礼。

在欧洲的首次部署

1953 年 9 月，第 10 特种部队群奉命部署到了德国的巴特特尔兹，但仍有少部分人员留在北卡罗来纳州的布拉格堡。后来，以这部分留下来的人作为骨干和核心，成立了第 77 特种部队群。1960 年 5 月，第 77 特种部队群更名为第 7 特种部队群。

作为美国陆军第一支特种部队，第 10 特种部队群被赋予了多项重要任务。其中最重要的任务是，当西欧一旦被苏联占领时，就在战线后方领导和指挥游击作战。和该任务紧密相连的就是后来颇有争议的“格拉迪奥行动”。“格拉迪奥行动”的核心是大规模招募东欧移民充实特种部队。在《洛奇·菲尔宾法案》通过后，第 10 特种部队群招募了大批来自东欧的移民。这些移民的到来，使得第 10 特种部队群加深了对东欧社会、地理和语言的熟悉和了解。

冷战期间，第 10 特种部队群一直在为华沙公约国家侵略西欧积极准备。尽管这场战争从未发生，但所有的这些准备却极具价值，它们和后来在越南、萨尔瓦多、哥伦比亚、巴拿马、伊拉克和阿富汗等地进行的重要战事一起造就了今天的陆军特种部队。

东南亚（印度支那战争）

在越南战争中，陆军特种部队经受了来自方方面面的考验，关于其在军队中的地位、组织结构和使用策略的考量也逐渐成型。成立之初，陆军特种部队仍秉承了他们在二战中的前辈们的特点，主要是作为内部打击力量。越战开始后的短短几年中，陆军特种部队就迅速转变为一支训练力量，帮助所在国军队进行非常规战争和反暴乱训练。这种转变在 1961 年至 1965 年间尤为明显。

美国陆军特种部队在越南的首次行动是在 1957 年。当时，第 1 特种部队群在芽庄的突击队训练中心（Commando Training Center）对 58 名越南陆军士兵进行了特种作战技能的训练。1961 年，作为“白星计划”（后来又被称为“404 项目”）的一部分，一些特种部队小组被部署到了位于老挝的“机动训练部队”（Mobile Training Teams，简称 MTTs），为南越军队提供训练。这些特种部队是最早参加越战的美国部队之一。

从 20 世纪 50 年代初开始，美国就从本土和冲绳将特种部队小组部署到越南，为缺乏战争经验的南越军队担任顾问，提供咨询。随着美国越来越深入地参与越战，陆军特种部队的任务范围也越来越广。由于特种部队的受训目的就是为了领导游击作战，人们自然而然地认为他们对反游击行动有深入的理解，逐渐演变出了“外国内部防御”（Foreign Internal Defense，简称 FID）任务。

部署在南越的陆军特种部队主要是第 5 特种部队群（空降）。第 5 特种部队群的任务包括非常规战争和外国内部防御，常常领导各类越南部队，例如由山地土著居民或低地居民组成的部队等。越战期间，隶属该作战群的队员们共获得了 16 枚“荣誉勋章”（Medals of Honor）。考虑到该部队的规模，这无疑是非常令人瞩目的成就。

陆军特种部队人员在高度保密的、由多兵种组成的美国驻越南军事援助司令部研究和观察群

▲ 1970 年，佩戴第 6 特种部队群徽章的绿色贝雷帽队员。

（Military Assistance Command Vietnam Studies and Observation Group，简称 MACV-SOG）中也发挥了关键的作用，其中多人被授予“荣誉勋章”。在执行研究观察群的侦察任务时，相当数量的秘密军事人员失踪。MACV-SOG 是一支由参谋长联席会议创立的多军种联合非常规作战特遣队，隶属于越南军援司令部（MACV）。MACV-SOG 的人员主要来自美国陆军特种部队，其他还包括海军海豹突击队、美国空军、中央情报局特别行动部（Special Activities Division），以及海军陆战队武装侦察连派出的人员。MACV-SOG 实际上听命于五角大楼的反暴乱和特殊行动特别援助部门（Special Assistant for Counterinsurgency and Special Activities，简称 SACSA)，并领受相关任务。1967 年前，SOG 还是第 5 特种部队群的组成部分。1967 年后，第 5 特种部队群总部主要为 MACV-SOG 提供行政事务方面的支持，SOG 不再隶属于第 5 特种部队群或接受后者的任务指令。

随着战争的延长，陆军特种部队在训练美军侦察人员的同时，还为多个盟国训练常规部队和准军事部队。他们还监督遍布越南各地村寨的平民非常规防御群（Civilian Irregular Defense Group），监视边界地区和易于渗透的路线，搜集战略情报，执行各种其它特种作战任务。在旨在营救美军战俘的著名行动——“山西劫俘”行动中，参与人员均为陆军特种部队队员。

1969 年 7 月，陆军特种部队经历了一次丑闻事件，即“绿色贝雷帽事件”。当时，第 5 特种部队群指挥官罗伯特·雷亚特上校以及下属的 6 名绿色贝雷帽军官，包括一名第 5 特种部队群司令部情报官员和一名一级军士长，因谋杀蔡泰卡（Thai Khac Chuyen）被捕。蔡被怀疑是一名北越双重间谍，他向北越军方提供了关于 GAMMA 项目以及为第 5 特种部队群刺探情报的当地人的情况。蔡泰卡被杀后，相关人员试图掩盖情况，并做了精心布置。但是由于涉案的一名一级中士担心自己会成为替罪羊，于是便联系了当地的中央情报局主管官员，并跟他和盘托出，谋杀事件才广为人知。

尽管舆论对此反应强烈，但对于谋杀的调查和指控最终却没能进行下去。1969 年 9 月，陆军部长斯坦利·里索宣布，由于中情局出于国家机密的考虑拒绝作证，因此所有的指控都被撤消。而这也暗示了中情局对此事件有所介入。

越战期间，陆军特种部队成员共被授予了以下嘉奖：“杰出服务十字勋章”（Distinguished Service Cross）60 枚、“杰出服务勋章”（Distinguished Service

Medal）1 枚、“银星勋章”（Silver Star）815 枚、“功勋部队奖章”（Legion of Merit ）235 枚、“杰出飞行十字勋章”（Distinguished Flying Cross ）46 枚、“士兵奖章”（Soldier's Medal）232 枚、“带 V 铜星勋章”（Bronze Star with V Device ）3074 枚、“铜星勋章”（Bronze Star）10160 枚、“紫心勋章”（Purple Heart）2658 枚、“带 V 空军奖章”（Air Medal with V Device）394 枚、“空军奖章”（Air Medal）4527 枚、“带 V 陆军嘉奖奖章”（Army Commendation Medal with V Device）1258 枚、“陆军嘉奖奖章”（Army Commendation Medal）5650 枚、“带 V 海军嘉奖奖章”（Navy Commendation Medal with V Device）2 枚。

萨尔瓦多

20 世纪 80 年代，美国陆军特种部队的教官们被部署到了萨尔瓦多，他们的任务是训练萨尔瓦多军队。当时，这支军队正在与法拉本多·马蒂民族解放阵线 (Farabundo Marti National Liberation Front ，简称 FMLN) 领导的左翼游击队进行内战。1992 年，FMLN 与萨尔瓦多当局达成了停火协议。紧接着陆军特种部队在萨尔瓦多取得的成功，第 3 特种部队群也在 1990 年得以重新启用。

在巡逻训练中穿着冬季伪装服的第 7 特种部队群第 2 营 C 连的绿色贝雷帽队员。他们手中所持的是 M16A1 步枪。照片拍摄于 1981 年。

哥伦比亚

20 世纪 80 年代末，隶属美国南方司令部（US Southern Command，简称 USSOUTHCOM）管辖区域内的南美洲、中美洲和加勒比海地区的毒品交易和恐怖主义问题日益严峻。

为此，第 7 特种部队群向该地区派去了教官、顾问以及特种部队分遣队，帮助他们训练武装力量，同时派去的还有第 1 心理战营的多个小队。20 世纪 90 年代末，第 7 特种部队群在哥伦比亚进行部署，帮助哥伦比亚训练了 3 个缉毒营，并协助建立了一个旅司令部。缉毒营的西班牙文名称是“Batall ó n Contra Narcotraficantes”，简称 BACNA，是哥伦比亚首次组建的专门缉毒组织。这些举措狠狠打击了哥伦比亚当时兴盛的毒品产业，至今一直发挥着重要作用。如今，第 7 特种部队群的分遣队仍然在哥伦比亚多地轮流驻扎，训练哥伦比亚军队更为有效地对付游击队和贩毒武装。此外，第 7 特种部队群的分遣队也被定期派遣到美国南方司令部的其他管辖地区，帮助训练所在国的军队或执行其它任务。

巴拿马

1988 年末，由于巴拿马总统曼纽埃尔 · 诺列加呼吁废除允许美国在巴拿马设立军事基地的条约，美巴两国的关系变得极其紧张。1989 年 12 月，乔治 · W · 布什总统正式启动了“正义事业”行动。按照原定计划，行动在 12 月 20 日凌晨两点整开始，但由于正在一个巴拿马检查站附近等待行动信号的美国特种部队分遣队成员暴露了行踪，行动不得不提前，最终于 19 日晚 23 点 15 分爆发。

“正义事业”行动是美军历史上首个在地面战斗中大量依靠特种作战力量的作战行动。参与该任务的部队包括：白色特遣队（三角洲部队）、黑色特遣队（第 7 特种部队群、第 5 特种部队群、第 3 特种部队群、第 4 心理战群、75 游骑兵团的全部 3 个营、海豹突击队下属的 4 个小队和海军陆战队武装侦察连）以及加强的第 82 空降师第 1 旅。入侵行动十分成功，达到了预期目的——将诺列加赶下台，但是也导致了接下来数周中遍及巴拿马全境的包括抢劫在内的各种非法行为。

阿富汗

美国入侵阿富汗之前，中情局特别行动部（SAD）的一些准军事官员就已经秘密潜入阿富汗，为后继的大规模军事行动做准备，他们是第一批进入阿富汗的美国人。但是就军事人员而言，乔佛里·C·兰伯特少将领导的陆军特种部队才是“9·11”事件后第一批进入阿富汗的美国军事力量。第一个去联络反塔利班武装——北方联盟的人就是一名美国陆军特种部队成员。

战争中，陆军特种部队派出了许多支分遣队与阿富汗的北方联盟军队合作。通过使用新技术精确引导空中火力打击，特种部队分遣队成为战场上的力量倍增器。自阿富汗战争伊始，第3特种部队群和第7特种部队群就承担了在阿富汗开展行动的责任。陆军特种部队运用了他们的拿手好戏——非传统作战战术，在敌占区或敌军具有很大影响的地区与敌军作战。

▲ *2002年5月14日，喀布尔阿富汗国家陆军训练场，新入伍的的阿富汗士兵排队等候绿色贝雷帽队员为他们发放新军装和个人装备。大约有150名美国陆军特种部队士兵被部署到喀布尔为新入伍的阿富汗士兵提供训练。一个训练周期为10周，训练初期主要是强化士兵的基本技能，之后则是班、排、连和营规模的训练。*

▲ 绿色贝雷帽队员正为前来接应撤离的直升机提供安全警戒。他们刚刚结束了对一个被怀疑藏有炸弹制造设施的偏远村庄的包围和搜查。

白天的时候，特种部队官兵常常和当地村庄的老人见面沟通，与当地人一起工作，以获得地方领袖的支持，并尝试识别隐藏在村庄中的塔利班间谍。此外，特种部队也和民事部门及心理战部门紧密合作，为村落提供食物、水、药物、医疗和诊所甚至是教育项目，以及帮助打井、修路、建学校等人道主义救助。为防止村落遭受塔利班组织的袭击，他们还要保持常态化的巡逻。到了夜晚，特种部队官兵们也不能安心休息。他们的任务包括：追捕塔利班组织或打击这些地区发生的其他暴乱行为；突袭塔利班的避难所，如营地、训练中心等；偷袭武器、供给、毒品护送队等；清除巴基斯坦和阿富汗交界的山区中可能被塔利班利用的秘密通道，并在通道上布设地雷；实施侦察行动，抓捕或杀死塔利班高层领导人等。美国陆军特种部队成员几乎总是和阿富汗军队一起工作。事实上，后者也是特种部队训练出来的。这些行为都向阿富汗人民表明，反对塔利班的是和他们自己一样的阿富汗人，而不是美国人。为了让阿富汗人更加容易接受，陆军特种部队的士兵们会稍微改变一下自己的外貌，例如蓄胡子、留长发或是穿戴阿富汗传统的围巾和腰带，以表明他们不会强迫阿富汗人民接受任何美国文化。相反，他们尊重阿富汗人民的文化和传统。

▲ 2002 年 8 月 24 日，在阿富汗北部达斯特阿奇村进行的一次搜查行动中，一名绰号“牛仔”的美国陆军特种部队成员在看守一群涉嫌参与恐怖活动的阿富汗人。

▲ 反恐战争中的陆军特种部队成员

2007 年，阿富汗赫尔曼德省桑金，战斗中的绿色贝雷帽队员。

2006 年 8 月 26 日，在阿富汗北部城市昆都士附近的一个靶场，绰号“麦克”的美国陆军特种部队士兵在开枪击中目标后欢呼庆祝。在此期间，陆军特种部队加强了在阿富汗北部的军事存在，更积极地寻找据信可能在该地活动的基地组织和塔利班逃亡者。

2007 年 4 月 10 日，阿富汗赫尔曼德省桑金地区，一名陆军特种部队连指挥官和当地村庄的村老会面，商谈下步在该地区要实施的军事行动。旁边带眼镜者是一名阿富汗突击队指挥官。

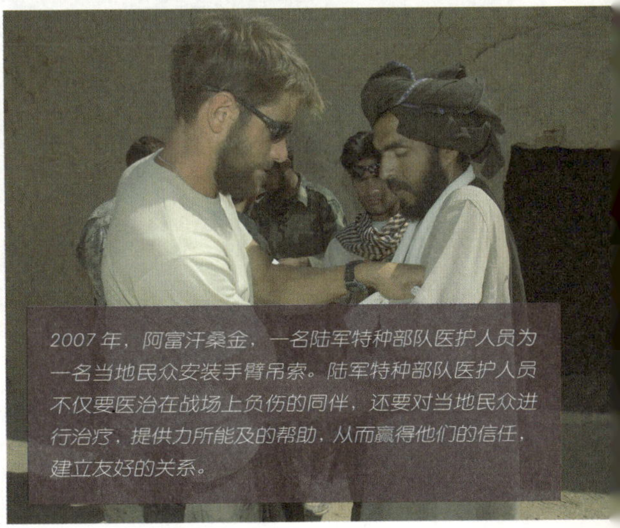

2007 年，阿富汗桑金，一名陆军特种部队医护人员为一名当地民众安装手臂吊索。陆军特种部队医护人员不仅要医治在战场上负伤的同伴，还要对当地民众进行治疗，提供力所能及的帮助，从而赢得他们的信任，建立友好的关系。

2010 年 11 月，阿富汗塔格布，“悍马”车上的绿色贝雷帽队员。他们的帽子上戴有 Peltor COMTAC II 耳机，右臂上佩戴着红色骷髅臂章。红色骷髅臂章是阿富汗突击队员的标识，但美军特种部队也经常佩戴，尤其是在与阿富汗突击队联合行动时。

2010 年 11 月，在阿富汗塔格布的一次作战行动中，一名绿色贝雷帽队员使用防地雷／反伏击车上安装的 MK44 机枪为队友提供掩护。MK44 机枪是 M134“米尼岗”机枪的变型，最初是安装在英国皇家海军军舰上，用来抵御小型船只的攻击，后来被美国特种部队采用，安装在其战斗车辆上。

2011 年 4 月 25 日清晨，在阿富汗坎大哈省潘吉瓦地区进行的一次清剿行动中，一名绿色贝雷帽队员正从屋顶的墙后观察，为队友提供安全警戒。

2012 年 2 月 25 日，阿富汗库纳尔省，几名绿色贝雷帽队员准备登上一架 UH-60“黑鹰”直升机。他们正在执行一次侦察任务，以物色一个村落稳定平台（village stability platform），该平台将被作为美军和阿富汗军队的立足点，和当地村民一起工作和生活。

▲ 2012 年 10 月，一名阿富汗战场上的绿色贝雷帽队员使用安装在防地雷 / 反伏击车（Mine Resistant Ambush Protected，简称MRAP）上的MK44 机枪进行射击。MK44 机枪是一支6管电驱动加特林机枪，发射7.62×51毫米弹药，发射速度为每分钟 3000 发。

▲ 2013 年 12 月，在阿富汗扎布尔省阿尔甘达卜地区加沙山谷（Gaza Valley）进行的一次美国－阿富汗联合行动中，一名手持 MK17 SCAR-H 型步枪的绿色贝雷帽队员正在跨过一堵矮墙。

▲ 2012 年 8 月，在阿富汗科特地区的重型武器射击场，隶属东南特种作战特遣队（Special Operations Task Force -Southeast）的一名绿色贝雷帽队员正使用 AT4 火箭进行射击。

2013 年 6 月 21 日，在阿富汗帕克提亚省雷神前线作战基地进行的牙医课上，来自第 3 特种部队群的牙科助理、专业军士卡珊德拉·托雷斯（右）正向阿富汗突击队医护人员演示使用牙线清洁牙齿的正确方法。

2013 年 12 月 24 日，在向位于阿富汗东部一个偏远驻地的美军部队投放了包括护理包、圣诞节袜子和邮件等物品的伞包后，隶属于阿富汗联合特种作战特遣队的绿色贝雷帽队员从飞机尾舱俯瞰下面的阿富汗村庄。

◀ 阿富汗赫尔曼德省，绿色贝雷帽队员和阿富汗突击队一起并肩作战。

▼ 在阿富汗的一次行动中，一名绿色贝雷帽队员使用烟幕信号榴弹为前来接应他撤离的直升机指示方位。

▶ 在阿富汗的一次夜间行动中，一名绿色贝雷帽队员使用安装在步枪上的红外瞄准器和战术手电监视敌人的行动。

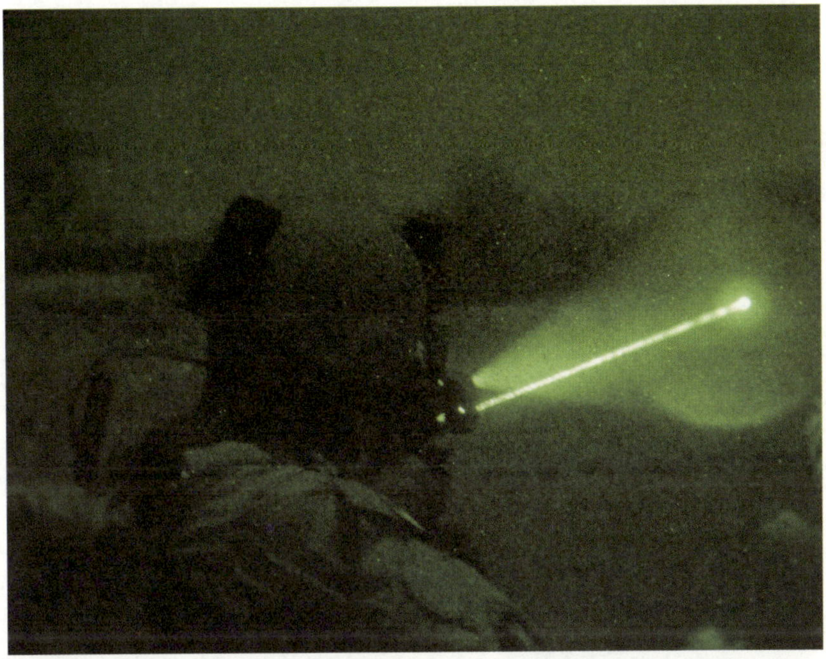

▼ 阿富汗扎布尔省，一架 UH-60 “黑鹰”直升机在山顶陡峭的岩石上悬停，卸下装载的绿色贝雷帽队员。他们的任务是破坏塔利班武装在该地区的通信。

伊拉克

陆军特种部队是第一支进入伊拉克的美军部队。和在阿富汗时一样，这次又是由中情局和联合特种作战司令部（Joint Special Operations Command，简称JSOC）下属人员最先渗入伊拉克境内，陆军特种部队第10特种部队群和第5特种部队群则紧随其后。

第10特种部队群在伊拉克北部进行了部署。他们和中情局特别行动部（SAD）的官员们一起，积极联系库尔德人的反萨达姆武装，帮助他们进行组织和训练，并成功领导和实施了伊拉克战场上最成功的战役之一。在有限的空军支援下，第10特种部队群与库尔德盟军联手打败了伊拉克陆军的六个师，杀死了一千多名伊拉克士兵并抓获了数百名俘虏，而第10特种部队群无一人死亡。

与此同时，第5特种部队群第1营在伊拉克西部进行了部署。为了实施直接行动以摧毁萨达姆政权的飞毛腿导弹，该营在战争开始前的几周就已经秘密渗透进伊拉克。和第10特种部队群一样，第5特种部队群也组织了反萨达姆武装，并领导了一次非常成功的作战行动，给予驻守巴格达的伊拉克军队以重创。

在主要作战行动结束后，特种部队又接到了新的任务，包括协助组建新的伊拉克军队、消灭阿拉伯复兴社会党成员等。当然，其中最重要的任务是找到萨达姆·侯赛因本人和他的儿子们。

2003年4月，“伊拉克自由”行动期间，驾驶“悍马”装甲车的绿色贝雷帽队员们在街头维持治安。

隶属于哈迪塔西部特种作战特遣队（Special Operations Task Force-West Hadithah）的绿色贝雷帽队员驾驶“悍马”（HMMWV）穿过伊拉克乡村地区。

隶属于哈迪塔西部特种作战特遣队的绿色贝雷帽队员正在进行车辆检查。

▲ 2005 年 1 月 28 日，一名绿色贝雷帽队员正在对伊拉克士兵进行徒手格斗示范。该训练是美国陆军特种部队为伊拉克军方挑选出来接受美军训练的伊拉克军人提供的高级训练课程的一部分。

▲ 在伊拉克持枪巡视的绿色贝雷帽队员，他手中的武器是发射 5.56×45 毫米弹药的 SCAR 卡宾枪。SCAR 卡宾枪是美国特种部队的最新武器，其正式名称是 MK17 Mod 0。这是一种模式化武器系统，可以改装成近距战斗武器、卡宾枪、全尺寸突击步枪和轻型狙击步枪等多种枪型。

在美国和伊拉克特种部队的一次夜间联合突袭行动中，一名头戴夜视设备的陆军特种部队成员为队友提供掩护。

2007年8月26日，伊拉克希特军营，一名来自第10特种部队群第3营的绿色贝雷帽队员正帮助一名伊拉克特殊武器和战术小组（Special Weapons and Tactics Team，简称SWAT）的队员检查靶纸，以提高射击精度。

2009 年 5 月，在伊拉克巴士拉的一次训练中，一名绿色贝雷帽队员使用 M136 型 84 毫米口径火箭发射器进行发射。

2009 年 5 月 2 日，在伊拉克巴士拉进行的训练演习中，一名隶属中央特种部队特遣队（Special Operations Task Force - Central）的绿色贝雷帽队员肩扛卡尔·古斯塔夫无后坐力炮向目标发射。

联合行动中的绿色贝雷帽队员和伊拉克突击队员。为了有效打击恐怖主义，美军积极对伊拉克特种部队进行训练，并一起战斗。

2005 年，在伊拉克执行巡逻任务的美国陆军特种部队士兵。

2008 年，伊拉克马卡里姆村，隶属第 7 特种部队群的绿色贝雷帽队员们。

2007 年 9 月，绿色贝雷帽队员和伊拉克突击队员搭乘直升机飞越沙漠地区，准备对一名恐怖分子实施抓捕。

第 1 特种部队群

美国陆军特种部队第 1 特种部队群［1st Special Forces Group (Airborne)，缩写为 1st SFG(A)］于 1957 年 6 月 24 日在日本的德雷克军营（Camp Drake）组建。

部队概况

第 1 特种部队群是美国陆军特种部队中首批正式成立的部队群之一，其任务区域是太平洋地区。第 1 特种部队群目前由 4 个营组成。其中，第 1 营驻扎在日本冲绳，第 2 营、第 3 营及第 4 营驻扎在华盛顿州的路易斯 - 迈克科德联合基地（Joint Base Lewis-Mc Chord）。第 4 营是一支新单位，于 2009 年夏天刚刚成立。

作为一支有着光荣历史的精锐部队，第 1 特种部队群的历任官兵们创造了许多了不起的记录。越南战争时期第一位和最后一位牺牲的陆军特种部队官兵都出自该部队，分别是 1957

年10月21日牺牲的哈里·克莱默上尉和1972年10月12日牺牲的福瑞德·米克中士。2002年1月4日牺牲在阿富汗战场上的第一个陆军特种部队成员——南森·查普曼上士也出自该部队。在历年来为国牺牲的特种部队官兵中，还有一些根本不为外界所知。比如1957年在东南亚执行秘密任务时牺牲的克莱默上尉，由于美国政府不希望外界知道美国早就卷入了东南亚事务，于是在军方的死亡名单上故意漏掉了他的名字。直到1982年，新落成的越战纪念碑上也没有克莱默的名字，他的儿子非常不满这一不公待遇，于是向美国国家公园管理局提出了抗议，克莱默的名字才为公众所知。1983年，克莱默上尉的名字被加在了越战纪念碑上。

▲ 一名来自第1特种部队群的绿色贝雷帽队员正在攀登华盛顿莱文沃斯附近的城堡岩石（Castle Rock）。他隶属于某个山地小队，需要进行严格的军事登山训练，以保持高水平的攀登技能，从而获得在世界上任何复杂山地遂行任务的能力。

越战结束之后，美国的军事力量逐步撤出东南亚地区，其关注重点也从太平洋战场转移到欧洲及北约。到1963年，陆军特种部队已经成长为一支总共包括7支特种部队群的强有力的作战力量。但在和平时期，该部队却面临着被裁撤的危险。1974年6月28日，第1特种部队群在布拉格堡被解散。直到10年以后，由于驻亚洲地区美军对非常规作战部队的需求，才使得第1特种部队群重获生机。1984年3月15日，第1营A连在布拉格堡再入现役。1984年春、夏，A连全体官兵和第1营的其他官兵一起重新集结，并部署至冲绳的鸟居驻地。1984年9月4日，第1特种部队群第2营、第3营，以及司令部和后勤连在华盛顿州路易斯堡再入现役。

这一时期，美国加强了在亚洲地区的整体战略部署，第 1 特种部队群的再入现役就是该部署的一部分。第 1 特种部队群隶属于太平洋司令部指挥，主要负责在太平洋地区的安全和作战行动，但并不仅仅局限于亚洲太平洋地区，也会定期部署到亚洲以外的地区，以支持美军在全球范围内开展的广泛行动，如海地、中亚和波斯尼亚等。1993 年至 1994 年期间，第 1 特种部队群下属的“阿尔法”特遣队被部署至海地执行联合支援小组（Coalition Support Team）任务，以支持由美国第 190 联合特遣队和多国安全部队共同实施的支援“维护民主”行动的军事行动。

第 1 特种部队群下属的多支 A 作战分遣队曾在老挝、泰国以及柬埔寨等东南亚国家执行人道主义排雷行动 (Humanitarian Demining Operations)，并因在老挝和越南的杰出表现而被授予“人道主义服务勋章”（Humanitarian Service Medals）。此外，第 1 特种部队群也曾派出下属分队前往中亚与那些前苏联解体后新成立的国家中支持“中亚营”（Central Asian Battalion ，简称 CENTRASBAT）的国家的军队共同进行训练。“中亚营”是于 20 世纪 90 年代中期成立的一支地区性和平保卫力量。2000 年末，第 1 特种部队群的成员被部署到波斯尼亚和黑塞哥维纳以支持“联合保卫”行动（OPERATION JOINT GUARD）。

▲ 来自第 1 特种部队群的绿色贝雷帽队员从一架 CH-47D“支奴干”直升机的尾舱门处跃下，进行军事自由落体跳伞。

▲ 一名隶属第1特种部队群的绿色贝雷帽队员在操纵GMV上装载的MK19型40毫米榴弹发射器。MK-19采用弹链供弹，有效射程为2千米。

“9·11”事件发生后，第1特种部队群立刻响应乔治·W·小布什总统的号召，向阿富汗派出作战人员以支持“持久自由”行动，并向菲律宾派出特种部队营以支援菲律宾的反恐行动。从2002年2月起，第1特种作战群的作战部队就被部署至菲律宾南部，和菲律宾武装力量（AFP）一起开展非常规作战，打击并摧毁当地的恐怖组织。

在接下来的三年里，第1特种部队群的官兵共对菲律宾武装力量（AFP）下属的6个轻型步兵营和3个轻型快速反应连进行了训练，取得了卓越的成绩。此外，在医疗民事项目（Medical Civil Affairs Profram，简称MEDCAP）中，他们共为总计超过31000名菲律宾人提供了治疗帮助。在菲律宾期间，第1特种部队群积极帮助菲律宾武装力量（AFP）实现专业化并为其提供行动/情报“二合一”小组，从而有效打击了当地的恐怖组织。在第1特种部队群的努力之下，菲律宾的巴西兰省不再是恐怖分子的天堂，菲律宾南部其它省份的恐怖势力也在菲律宾武装力量的持续打击之下不断削弱。2004 年 1 月 24 日，为了表彰第 1 特种部队群在反恐战争中的突出贡献，以及在非常困难的条件下出色完成极具挑战性任务的精神，美国陆军授予该部队“值得称赞部队嘉奖”（Meritorious Unit Commendation）。2003 年至 2004 年年间，第 1 特种部队群向伊拉克和阿富汗大量派出作战人员，以支持正在进行的“伊拉克自由”行动和“持久自由”行动。2004 年 11 月，第 1 特种部队群将下属的一个整营的兵力部署至阿富汗地区，隶属阿富汗联合特种作战特遣队 (Combined Joint Special Operation Task Force-Afghanistan，简称 CJSOTF-A)。

2005 年 10 月 1 日，第 1 特种部队群被重新命名为第 1 特种部队团第 1 特种部队群（空降）。2009 年 12 月 17 日，美国陆军宣布了第 1 特种部队群第 4 营启动计划，这将导致在路易斯堡地区净增 432 项军事授权和 4 项民事授权，以及在雅吉瓦训练中心（Yakima Training Center）净增 2 项民事授权。预计在 2011 年 8 月全部得到落实。

如今，第 1 特种部队群依然以自身的行动密切支持在菲律宾、伊拉克以及阿富汗等地区进行的全球反恐战争，并为维持美国与亚太地区其他伙伴国家之间的安全联系而恪尽职守。

▲ 隶属第 1 特种部队群的绿色贝雷帽队员正在进行房屋清扫训练。

责任区域

澳大利亚	韩国	帕劳
孟加拉国	朝鲜	巴布亚新几内亚
不丹	老挝	菲律宾
文莱	马达加斯加岛	俄罗斯
缅甸	马来西亚	萨摩亚
柬埔寨	马尔代夫	新加坡
中国	马绍尔群岛	所罗门群岛
科摩罗	毛里求斯	斯里兰卡
库克群岛	密克罗尼西亚	台湾
斐济	瑙鲁	泰国
印度	尼泊尔	汤加
印度尼西亚	新喀里多尼亚	图瓦卢
日本	纽埃	瓦努阿图
基里巴斯	新西兰	越南

历史沿袭

第 1 特种部队群的前身是 1942 年 7 月 5 号组建的美国－加拿大联合特种部队——第 1 特勤部队（1st Special Service Force）下属的第 1 团第 1 营第 2 连。该部队于 1942 年 7 月 9 日在蒙大拿州威廉・亨瑞・哈里森堡正式组建，1945 年 12 月 5 号在法国芒通解散。

1960年4月15日，该连与第1游骑兵步兵营B连（成立于1942年6月19日）合并，新的番号为第1特种部队群司令部和司令部连，隶属第1特种部队。

1960年9月30日，该连与第1特种部队群司令部及司令部连合并（组建于1957年6月14日，1957年6月24日正式加入现役），番号变为第1特种部队第1特种部队群司令部和司令部连。其下属部队也于同期筹建，并于1960年10月4日正式加入现役。

1960年10月30日，第1特种部队群被任命为空降部队，从此以后，“第1特种部队群”的名称后面又加上了“空降”两个字，变成今天熟知的“第1特种部队群（空降）”的形式。这也影响了后来的其它特种部队群。

1974年6月28日，第1特种部队群在北卡莱罗纳州布拉格堡退出现役，并于十年之后的1984年9月4日，在华盛顿州的路易斯堡再入现役。

第1游骑兵步兵营中B连于1986年2月3日从该部队序列中退出，并与第75步兵团的N连合并，新的部队番号为第75游骑兵团N连。

部队荣誉

Meritorious Unit Commendation(Army) for PACIFIC AREA 1972 – 1973

陆军“值得称赞部队嘉奖”（1972–1973年，太平洋地区）

Meritorious Unit Commendation (Army) for ASIA 2002

陆军“值得称赞部队嘉奖”（2002年，亚洲地区）

Philippine Presidential Unit Citation for JULY–AUGUST 1972

“菲律宾总统部队嘉奖”（1972年7月–8月，菲律宾）

部队历史

随着第14特种部队作战分遣队（14 SFOD）于1956年4月1日在北卡莱罗纳州布拉格堡正式加入现役，第1特种部队群开启了其现代历史。14 SFOD的成员都是从第77特种部队群中精挑细选出来的，他们与第12特种部队作战分遣队（12 SFOD）、第13特种部队作战分遣队（13 SFOD）和第16特种部队作战分遣队（16 SFOD）一起，经过严格的筛选和训练，目的是为亚洲—太平洋战区的美军提供特种作战行动能力。14 SFOD 于 1956 年 6 月移驻夏威夷的萨福特堡。不久之后，12 SFOD、13 SFOD 和 16 SFOD 也移驻日本的德雷克军营。为了保密起见，这几支分遣队被赋予了掩护名称，如第 14 SFOD 的公开名字是“第 8251 陆军后勤部队”，而第 12 SFOD、13 SFOD 和 16 SFOD 则统称为“第 8231 陆军部队”。

1957 年 6 月 24 日，第 1 特种部队群（空降）在日本冲绳的德雷克军营启动，但却算不上齐装满员，下属分队要么在赶往冲绳的路上，要么正在南越执行临时任务。1957 年 7 月 14 日，随着隶属该群的各作战分遣队和第 248 军需分遣队的到来，第 1 特种部队群在冲绳的巴克纳基地举行了正式的成立仪式。群指挥官最初由一名来自美国武装力量远东司令部的参谋军官担任，但他在进行首次跳伞训练时不幸摔断双腿，被迫退出。第 14 作战分遣队指挥官 A. 斯科特中校接替了他的职务，担任第 1 特种部队群指挥官。斯科特是一名多次受到嘉奖的特种部队老兵，二战期间曾服役于“梅瑞尔掠夺者”部队和战略服务局，朝鲜战争期间又与游骑兵和南朝鲜游击队一起并肩作战。

对于第 1 特种部队群来说，1957 至 1960 年的这三年时间是个强化训练期。他们在日本

▲ 2014 年 4 月 22 日，华盛顿州雅吉瓦训练中心（Yakima Training Center），一名绿色贝雷帽队员正准备登上一架 C-130J“超级大力神”运输机。

▲ C-130J“超级大力神”运输机上的陆军特种部队士兵。他们来自第1特种部队群。

冲绳对韩国特种部队下属的一支大型分遣队进行训练，并将机动训练小组派往泰国、台湾、菲律宾、印度尼西亚和南越等地执行训练任务。与此同时，第1特种部队群还广泛开展了内部训练活动，包括两个方面：一是对那些未能通过布拉格堡特种部队选拔训练的志愿人员进行强化训练，使其获得“绿色贝雷帽”资格；二是对那些已经通过特种部队选拔的合格人员开展交叉训练，增强其团队作战技能。在这一时期，第1特种部队群的兵力迅速增加，由1957年7月时的55人发展为1960年10月时的364人。

1960年10月30日，美国陆军下辖的各特种部队群都根据新实施的战斗武装团系统（Combat Arms Regimental System）的要求进行了整编。第1特种部队群被重新命名为第1特种部队第1特种部队群（空降），以表明其源自二战时期的美加联合特种部队——第1特勤部队。与此同时，诞生于二战时期的第1游骑兵营B连和诞生于朝鲜战争时期的第5游骑兵连也划归第1特种部队群。

这一时期，第1特种部队群所发生的最明显的变动当属其组织机构的改编。为了适应部队日益扩大的规模，并推动其管理和行政工作的现代化，1961年12月15日，第1特种部队群被改编为4个以字母为代号的连队——A连、B连、C连和D连。每个连队都包括一个充当连指挥部的C作战分遣队，以及数量不等的B作战分遣队和A作战分遣队。其中A连规模最大，由47名军官和165名士兵组成；B连包括36名军官和114名士兵；C连包括40名军官和120名士兵；D连则只有一个基本的组织结构，由5名骨干人员组成。1964年2月19日，E连成立，这是第1特种部队群下辖的第5个连队。E连是信号连，主要任务是为第1特种部队群下属分遣队的部署提供通讯支持。在此期间，第1特种部队群的作战力量持续增强，在1963年达到顶峰，达到了232名军官、4名准尉以及1026名士兵的规模。

随着20世纪60年代的到来，第1特种部队群逐步将其任务重心转移到了越南。1957年夏、秋天，第14特种部队作战分遣队（14th SFOD）奉命在芽庄附近对越南游骑兵进行训练，这是该部队在越南执行的首次任务。此后，第1特种部队群对美军在该地区活动的贡献稳定增长，大量的分遣队被从日本冲绳部署到越南执行临时性任务，训练和领导越南特种部队（LLDB）、游骑兵以及平民非常规防卫群（CIDG）。

第1特种部队群在越南设立了一个前线司令部，该司令部于1962年11月撤销，被“美国陆军特种部队越南临时指挥部”［US Army Special Forces Vietnam (Provisional)，简

▲ C-130J“超级大力神”运输机上的陆军特种部队士兵。他们即将进行一次高跳低开跳伞。

▲ 一名绿色贝雷帽跳伞专家向队员们发出跳伞准备信号。

称 USASFV（P）］代替。该临时指挥部的任务是指导陆军特种部队在越南地区的行动，下属分遣队都是从驻冲绳的第 1 特种部队群和驻布拉格堡的第 7 特种部队群中调派过来的。1964 年 10 月，USASFV(P) 被总部位于布拉格堡的第 5 特种部队群取代。但即便是在第 5 特种部队群到越南之后，第 1 特种部队群仍然继续向越南派遣作战分队，以确保在任何时候都要在越南境内保持至少 6 支 A 作战分遣队的力量，参与执行特殊行动群 (Special Operation Group，简称 SOG) 的侦察任务。这些任务经常需要跨境行动，进入临近越南的老挝、柬埔寨等国。

在 1957 年至 1972 年这 15 年间，第 1 特种部队群的成员因为在越南地区的出色表现，共获得了 8 枚“杰出服务十字勋章”、44 枚“银星勋章”、244 枚“英勇铜星勋章”、499 枚“空军奖章”、554 枚“战斗步兵奖章”和 88 枚“战斗医疗奖章”。但在这些耀眼的奖章背后，第 1 特种部队群的官兵们也付出了沉重的代价：40 人在战斗中牺牲，2 人至今下落不明，还有 293 人在战斗中负伤。第一名和最后一名在越战中丧生的特种部队成员都来自第 1 特种部队群，分别是海瑞・G・葛莱默上尉（1957 年 1 月 21 日）和福瑞德・C・米克中士（1972

年 10 月 12 日）。

然而，作战行动只是第 1 特种部队群在越南地区开展的所有活动的一个方面。与此同时，该部还在东南亚和太平洋地区广泛开展安全协助和民事行动任务。为此，第 1 特种部队群专门组建了一个名为“亚洲特别行动力量”（Special Action Force Asia，简称 SAFASIA）的下属单位，以支持亚太地区盟国的军事训练、民事行动以及救灾活动。为了保证任务的顺利开展，第 1 特种部队群又得到了以下部队的加强：第 97 民事群、第 156 医疗分遣队、第 400 陆军安全署分遣队、第 441 军事情报分遣队以及第 539 工兵分遣队。

早期的民事行动大部分是在泰国进行，并且总是和军事训练任务紧密联系在一起。第 1 特种部队群在泰国所做的种种努力发展到了相当大的规模，导致本来隶属该部的 D 连最终于 1967 年脱离该部，番号变更为第 46 特种部队连，并且永久驻扎在泰国境内。在接下来的 4 年时间里，第 46 特种部队连在泰国执行了众多任务，其中之一就是训练泰国皇家团（Royal Thai Regiment），该团最终发展成为一个师，并被部署到越南。

随着时间的推移，第 1 特种部队群逐渐积累了丰富的支援民事行动和灾难救援行动的经验，这最终促成了灾难协助和救援小组（Disaster Assistance and Relief Team）的成立。由于该小组的英文缩写是“DART”，因此又被称为“飞镖”小组。第 1 特种部队群组建了多支“飞

▲ 陆军特种部队跳伞专家在 C-130J 尾舱门观察着陆场，空军一级军士、空投专家谢尔比·邓肯从一旁观看。

▲ 进行自由落体跳伞的绿色贝雷帽队员

镖”小组，每个小组包括一个A作战分遣队，加强有由SAFASIA医疗分遣队派出的2名医生以及4–6名医护人员。必要时，还可加强由第539工兵分遣队派出的工兵人员。

这些根据不同任务组建的“飞镖”小组在吕宋岛、印度尼西亚、马绍尔群岛和琉球群岛都有着出色的表现。“DART”项目最成功的时候是在1971年的巴基斯坦洪灾以及1972年的菲律宾洪灾和饥荒时期。在这两起灾难期间，第1特种部队群的“飞镖”队员们发挥了非常关键的作用。他们驾驶救生艇、为灾民接种疫苗、发放食物补给、指导灾后重建工作等等，为营救灾民生命及抢救生活物资做出了不懈的努力，也为美国赢得了许多朋友。由于在救援菲律宾灾害期间的卓越表现，第1特种部队群（空降）被授予了“菲律总统部队嘉奖”（Philippines Presidential Unit Citation）.

1972年，就在菲律宾赈灾行动发生以前，第1特种部队群再次进行了改编。原来的A、B、C连被合并，番号变为第1特种部队群第1营和第2营。但大部分的调整都仅仅停留在名义上。“C”作战分遣队继续充任指挥和管制单元，由一名陆军中校领导。“B”作战分遣队变成了以字母来命名的连队；“A”作战分遣队的名称和角色保持不变。就在这些事情发生的同时，第1特种部队群历史上的一个重要时期渐渐接近了尾声。

美国从越战的失败中汲取了宝贵的教训，将战略重点从亚太地区转向北大西洋公约组织及欧洲。在新的政治领导人的决定下，军队的规模收缩到了和平时期的水平。相比于保持美军的非常规作战能力，他们更关心维持美军的装甲部队及机械化步兵的实力。在这种大背景下，在1963年的巅峰时期曾经包括7支特种部队群的美国陆军特种部队遭到了大规模裁撤，兵力大大缩水。

1969年，第3特种部队群被遣散，紧随其后的是第6特种部队群和第8特种部队群，时间分别是1971年和1972年。1974年6月28日，第1特种部队群（空降）的旗帜也被降下，遭到裁撤，但仍有一个小队被保留了下来，即美国陆军特种部队韩国分遣队（US Army Special Forces Detachment Korea）。保留该分遣队的目的是为了给驻远东地区美军保留实施特种作战行动的能力。

在布拉格堡举行的特种部队遣散仪式上，美国陆军准将迈克尔·P·希利作了以下致辞："当我们卷起军旗并将它们交到保管人手中的时候，我希望所有人了解一点，陆军特种部队仍然保留了一部分，终有一天他们会像海浪一样重新席卷而来。在此期间，那些铭刻在特种战争纪念碑（Special Warfare Memorial）后面的贝雷帽标志将会暂时失色，直到那一天，我们重新将军旗展开，并骄傲地履行我们的职责。"在亚太地区英勇服役了17年之后，第1特种部队群被授予了"值得称赞部队嘉奖"（Meritorious Unit Citation），长条形旗上标注着"太平洋地区"（PACIFIC AREA）几个字。

10年之后，陆军准将希利曾预言的特种部队重新崛起成为了现实。美国领导人和陆军高层们发现，美国需要在亚太地区维持一支相当规模的特种作战部队，以维护美国和盟国的利益。在这种情况下，第1特种部队群（空降）再次加入现役。根据设想，该群中的一个营将前沿驻扎在日本冲绳，另外两个营和群司令部，还有几个独立的连队则将在华盛顿州的路易斯堡驻扎。

1984年3月15日，第1营A连在布拉格堡最先被重新启用。1984年春、夏季，该连和第1营的其他连队一起被部署到了冲绳的鸟居驻地，营指挥官是詹姆斯·埃斯特普中校。同年10月19日，第1营在鸟居驻地举办了盛大的重启典礼，陆军中将亚历山大·魏安德作为检阅官出席了这场典礼。

1984年3月4日，华盛顿路易斯堡，第1特种部队群指挥官大卫·J·巴拉托上校带领骨干人员进行了跳伞和负重行军项目演练。这标志着第1特种部队群的其他单位（司令部、第2营、第3营、后勤连、信号连以及第1军事情报连）的再入现役也正式开始。

1984年9月4日，第1特种部队群在路易斯堡阅兵场举行了正式的启动仪式。启动仪式上，勒罗伊·N·撒戴斯少将将第1特种部队群的军旗交到部队指挥官巴拉托中校手中。随后，第1特种部队群的成员排着整齐的队列通过主席台，接受众多应邀参加仪式的嘉宾们

▲ 空军一级军士、空投专家谢尔比·邓肯站在尾舱门处观察跳伞情况。

的检阅，其中包括陆军副司令麦斯威尔·R·瑟曼将军。在众多受邀者中，有一个人未能出席，他就是已退役的前第1特种部队群指挥官查尔斯·M·辛普森上校。他也是《Inside the Green Berets》（《走进绿色贝雷帽》）一书的作者。由于身患绝症，辛普森上校未能出席老部队的盛大庆典，但他送给新一代的第1特种部队群官兵们这样一段话：

“如果我能亲临现场，看到我挚爱的部队重振雄风，回到属于它的战场，那无疑将是我最大的荣耀。但我的健康情况不允许我这么做，对此我深感抱歉。当第1特种部队群的军旗重新飘扬，成千个贝雷帽上的帽徽折射出金色的光芒，我的心与你们同在，让我们挺起胸膛，共同面对以后的日子，那些将会充满种种挑战的日子。我很高兴的看到，我们的军队最终采取了正确的做法，决定重整这支在太平洋地区为整个军队赢得了无与伦比的赞誉的部队。你们将在广阔的亚太地区，通过各种方式来再次为国家作出贡献。在过去的岁月里，第1特种部队群的老兵们建下了卓越的功勋。今后的日子里，你们在过去历史的光环下，更要竭尽所能，以求出色地完成每一次任务。你们面临着来自过去的巨大挑战。我知道保持那样的光辉历史并不是一件容易的事情，但是只要你们做到了，那么你们也就坚守了第1特种部队群的优良传统，所有第1特种部队的老兵们都在一旁殷切地注视着今日的你们，在心中默默为你们加油喝彩！”

第1特种部队群（空降）第1营

驻地位于冲绳鸟居的第1特种部队群（空降）第1营是美国在日本驻军中唯一的一支陆军战斗部队。在和平时期，该部队的任务是通过与地区友好国家进行联合训练，维持美国的地区存在，以支持美国太平洋司令部司令官（Commander-in-Chief Pacific Command，简称CINCOAC）的既定战略。此外，该营还为CINCOAC的危机应对、联合特遣队（Joint Task Force，简称JTF）编成提供军事支持，具体任务包括：直接行动、非战斗人员撤离、灾难救援以及展示美国在太平洋地区的决心。而在重大的战区行动，尤其是太平洋战区的行动中，为支持既定的作战计划，第1营总是充当急先锋。

在冲绳鸟居，作为太平洋联合特种作战司令部（Joint Special Operations Command）的一部分，第1特种部队群第1营有约250名士兵，驻在前国家安全署（National Security Agency）驻陆军鸟居驻地的监听站内。该营下辖3个连，每个连下辖6个特种部队小队。

▲ *1997年3月3日，澳大利亚汤斯维尔（Townsville）皇家空军基地，参加“纵列推进97”演习的第1特种部队群第1营的绿色贝雷帽队员正从一架澳大利亚DHC-4“驯鹿”运输机上跳下。“纵列推进97”演习由美国和澳大利亚联合举行，共有28000人、252架飞机和43艘舰船参加，旨在提升美军和澳大利亚军队进行危机行动规划和应急反应的能力。*

▲ 2008 年 3 月 9 日，在内华达霍桑附近进行的任务前训练中，来自第 1 特种部队群第 1 营的绿色贝雷帽队员正在进行简易爆炸装置（IED）的检测和清扫训练。

第1营的座右铭是“Proudly Serving Our Nation at the Forward Edge of Freedom”，意思是“在自由世界的前沿光荣为国效力”。第 1 营下辖的特种部队小队每年都会在鸟居驻地呆上差不多 6 个月的时间。作为和平时期的主要任务，他们和地区友好国家的常规兵种、特种部队，以及边境警察一起训练，以应对可能的突发事件。这其中就包括在韩国进行的针对朝鲜半岛爆发战争情况下的演练。

由于冲绳岛上没有美国陆军航空部队驻扎，第 1 营执行任务时只能依靠联合部队下属的空中支援分队。在制定空降行动和海上行动计划时，一个由 2 人组成的空军特种作战气象小组为第 1 营提供关键的气象数据。为了方便训练，该营在伊江岛附近开发出了一块空投场。二战期间的冲绳战役中，著名的战地记者、普利策奖得主欧尼 · 派尔正是在这里不幸牺牲。

该营在太平洋责任区域管辖范围内的许多国家都开展了训练活动。在执行外国内部防御（FID）任务时，通常以 10 至 12 人的小队为单位，对东道国部队进行培训，内容包括小规模部队战术、单兵特殊技能、领导能力以及渗入技巧等。

非常规作战（即游击战）行动也是该营活动的重要内容。在非常规作战中，队员们需要采用创新思维去寻求解决问题的办法，才能避免各种可能的威胁。简单来说，就是：“不能按照别人通常说的去做，你必须不断创新。”当然，在创新的同时也不可避免会受到一些限制，因为一些做法可能会违背上级规定。由于任务本身及后勤供给的限制，特种部队士兵需要果断地选择出一种最佳方式，来完成上级下达的诸如反暴乱行动等棘手任务。

此外，还有其他一些项目，包括在泰国等国家与美国禁毒署（Drug Enforcement Agency，简称 DEA）合作开展的禁毒行动。从路易斯堡被调到泰国执行任务的特种部队官兵在落地之初都会饱受时差之苦，但作为前沿部署单位，第 1 营却不存在这个问题。在泰国，除了实施外国内部防御行动，第 1 营还在泰国北部地区开展了禁毒行动。他们向泰国军队传授小规模部队战术，包括在偏远的边界地区对配备重型火力的贩毒组织实施伏击的技巧。此外，他们还为边境地区的警察提供医疗训练。

第 1 营还教授外国军队实施人道主义排雷的方法，向他们展示了如何维护区域安全，以确保当地人民的生命财产安全不受损害。1994 年至 1997 年间，通过排雷行动，特种部队小分队教会了当地武装如何进行排雷操作。由于前期开展的有效性，排雷训练项目有望在越南和柬埔寨地区展开。在该部队执行过的众多任务中，还包括在巴布亚新几内亚持续进行的寻找二战时期美军将士遗骸，为越南提供医疗培训，以及在菲律宾开展安全援助训练等。

▲ 在内华达州霍桑附近进行的任务前训练中，一名来自第 1 特种部队群第 1 营的绿色贝雷帽队员使用悍马车上装载的 M2 型 .50 口径重机枪向目标开火。

西部多部门联合特遣队（Joint Interagency Task Force-West）以及包括灾难救援在内的人道主义援助同样在第 1 营的任务范围中。2000 年，菲律宾的马荣火山喷发之后，该营积极实施救援，为那些无家可归者以及在灾难中受伤的人们搭建帐篷，分发物资，并将他们疏散至安全区域。

特种部队小队在实施海上行动时使用的是“佐迪亚克”舟。在实施跳伞行动时，经常使用高跳低开（High-Altitude, Low-Opening ，简称 HALO）的方式。在实施 HALO 时，队员们从 25000 英尺高度跳离飞机，并在距离目标 75 英尺的地方着陆。潜水小队的成员则要学习“母船”和橡皮舟的操作。其它训练内容还包括快速绳降渗透等。对于潜水队员来说，冲绳岛附近海域的景观非常迷人，为其它地方所没有。

第 1 营的官兵们熟悉并尊重行动所在地的民俗和禁忌，能熟练使用当地语言，掌握多种技能，反应迅速，斗志旺盛，被称为“沉默的专家”。正因为此，他们为太平洋司令部提供了一支高度隐秘、可靠的作战力量，并为自身赢得了“亚洲第一”（“First in Asia”）的称号。

第 1 特种部队群（空降）第 2 营

第 1 特种部队群（空降）第 2 营于 1984 年 3 月 4 日在华盛顿州路易斯堡再入现役。

▲ 在北卡罗来纳州布拉格堡一个新建的训练场中，来自第 1 特种部队群第 2 营的绿色贝雷帽队员正在进行城市作战训练。

▲ 在北卡罗来纳州布拉格堡进行的城市作战训练中，来自第 1 特种部队群第 2 营的绿色贝雷帽队员在练习爆破入门清扫技能。

第 1 特种部队群（空降）第 3 营

第 1 特种部队群(空降)第 3 营于 1984 年 3 月 4 日在华盛顿州路易斯堡再入现役。

一名隶属第 1 特种部队群第 3 营的绿色贝雷帽队员正准备从滑降塔上俯冲滑下。

一名隶属第 1 特种部队群第 3 营的绿色贝雷帽队员从滑降塔上快速绳降滑下。

第 1 特种部队团第 39 特种部队分遣队（空降）

第 1 特种部队团第 39 特种部队分遣队（空降）的主要任务是协助训练韩国特种部队，使其掌握实施特种作战行动所必需的特殊战术、技术和程序。一旦朝鲜半岛爆发战争，该分遣队的成员将承担起领导盟国支援小队（Coalition Support Team）的职责。第 39 特种部队分遣队在编制上隶属第 1 特种部队群，但在行动上归韩国特种作战司令部领导 (Special Operations Command Korea，简称 SOCKOR)。

第 39 特种部队分遣队组建于 1965 年 8 月 27 日，当时的番号为第 1 特种部队第 39 特种部队分遣队。1965 年 9 月 1 日，该部在德国正式启动。作为美国驻德国军队的组成部分，该分遣队驻地位于柏林，其主要任务是，在华约组织军队占领柏林的情况下，协助当地的游击队员进行敌后抵抗。

第 39 特种部队分遣队的前身是以“第 7761 陆军部队”为掩护名称的陆军单位，于 1956 年 8 月成立，下辖 6 个由第 10 特种部队群抽调而来的 A 作战分遣队。该部最初是被放在第 6 步兵团团部和团部连内。每个 A 队都由 1 名军士长和 5 名成员组成。部队指挥官是一名少校，由一名上尉负责协助。1956 年 9 月 1 日，该部搬到西柏林迈克奈尔军营 1000B 建筑的顶层，对外的番号是“第 6 步兵团团部安全排”，邮编号码为 09742。

1958 年 4 月，该部搬到了西柏林安德鲁斯军营 2 区 904 建筑内，隶属美国陆军柏林要塞（Garrison Berlin）司令部和司令部连，并被赋予了一个新的名字——A 分遣队 (Det A)。1962 年 4 月，A 分遣队脱离柏林要塞建制，转隶驻欧洲美国陆军（US Army Europe，简称 USAREUR）柏林旅（Berlin Brigade）。直到 1965 年第 39 特种部队分遣队的番号正式启用，出于掩护考虑，该部对外依然使用 A 分遣队的名称。

此后，第 39 特种部队分遣队一直在柏林地区执行其非常规作战使命，直到 1984 年 10 月 1 日部队解散。2005 年 10 月 16 日，第 39 特种部队分遣队的番号在韩国重新启用，原陆军特种部队韩国分遣队（Special Forces Detachment – Korea，简称 SFD-K）被遣散，所有人员和装备设施并入新部队。原先由陆军特种部队韩国分遣队负责的训练和其他任务也一并由新部队接管。

第 3 特种部队群

第 3 特种部队群（空降）［3rd Special Forces Group (Airborne)，缩写为 3rd SFG(A)］，是一支现役美国陆军特种部队，成立于 1963 年越战期间，1969 年解散，1990 年被重新启用。第 3 特种部队群隶属于美国非洲特种作战司令部（Special Operations Command, Africa，简称 SOCAFRICA），主要负责在美国非洲司令部（AFRICOM）责任区域内的行动。在 2009 年颁布的美国特种作战司令部条令中，第 3 特种部队群的主要行动区域 (Area of Operations，简称 AO) 被定为中亚地区，但实际上该部队的职责范围不止于此，还涉及到加勒比海地区和大中东地区（Greater Middle East）。虽然第 3 特种部队群（1969 年至 1990 年间撤销）还比不上其他特种部队那样老练，但是在反恐战争中，该部的广泛参与和英勇表现，为他们赢得了高度的赞誉。

▲ 2008 年 12 月 12 日，在布拉格堡举行的授勋仪式上，19 名隶属第 3 特种部队群的绿色贝雷帽队员荣获“银星勋章”。

部队历史

20 世纪 60 年代

第 3 特种部队群于 1963 年 12 月 5 日在北卡罗来纳州布拉格堡正式启用，其成员来自第 1 特种部队群、第 7 特种部队群、第 5 特种部队群以及特种部队训练群（Special Forces Training Group）。为了表示纪念，第 3 特种部队群成员佩戴的贝雷帽上的徽章共有四种颜色，分别是第 1 特种部队群使用的黄色、第 7 特种部队群使用的红色、第 5 特种部队群使用的黑色以及特种部队训练群使用的白色。第 3 特种部队群最初使用的座右铭“From the Rest Comes the Best”（意思是“从剩余走向卓越”）也是对此的纪念。

在上世纪 60 年代短短几年的存续时间里，第 3 特种部队群主要专注于中东和非洲地区事务。除了在 1965 年对“双子座”6 号和 7 号的空间发射项目提供支持外，该部还对马里、伊拉克、埃塞俄比亚、刚果以及约旦等国的武装力量进行了培训。此外，第 3 特种部队群还在越南地区与第 5 特种部队开展合作。1966 年，第 3 特种部队群将其对第 403 陆军安全署特种作战分遣队以及第 19 心理战连的管制权移交给了第 5 特种部队群。随着战争的“越南化”，美军逐步撤出越南，第 3 特种部队群也于 1969 年解散，其下属官兵又被分配回原先所在的特种部队群。

20 世纪 90 年代

1990 年，第 3 特种部队群重启。成立之初的部队成员主要是从第 5 特种部队群中抽调而来，责任区域（AO）为加勒比海和西非地区。海湾战争爆发之际，第 3 特种部队群中唯一一个处于正常运转状态的营（第 1 营）奉命部署到沙特阿拉伯的达兰，为期 3 个月。部署期间，该部队下属的多支 A 分遣队频频深入伊拉克和科威特的禁区内，执行侦察任务和破坏任务。1991 年 2 月，第 3 特种部队群被赋予了攻占美国驻科威特大使馆的任务。随后，该部队下属的第 2 营和第 3 营也分别于 1991 年和 1992 年再入现役。1994 年，第 3 特种部队群参加了恢复海地民主的军事行动。

▲ 一辆隶属第 3 特种部队群的地面机动车辆（GMV）在阿富汗乡村巡逻，车顶安装有一架 7.62 毫米 M240 弹链供弹机枪。注意左侧挡风玻璃上方的烟幕发射器。当发射时，它们会制造出一个烟幕屏障，为己方赢得防御的时机。

上世纪 90 年代中期，第 3 特种部队群在西非各国开展了“非洲危机应对计划”（African Crisis Response Initiative），对西非国家的军事力量进行训练，目标是培训若干支高效、快速部署的部队，一旦发生地区性人道主义灾难，能够在 30 天内迅速做出回应，开展协同行动。1997 年 7 月末，随着 120 名来自布拉格堡第 3 特种部队群和第 18 空降军（XVIII Airborne Corps）的美军人员抵达塞内加尔和乌干达，该计划正式开始实施。

第 3 特种部队群第 1 营是首支执行“非洲危机应对计划”的美国特种部队。从 1997 年 8 月 1 日起，美军人员对每个参与该计划的非洲国家中各 750 士兵开展了为期 60 天的培训。1997 年下半年，美军人员又转场马拉维、埃塞俄比亚、马里等国。他们使用的是以国际标准为基础的维和条令，每训练成功一个营需要花费美国约 300 万美元，其中约有一百万是花费在非杀伤性设备上，主要是手持对讲机等通讯设备。到 2002 年年中，已有超过 5500 名非洲军事人员接受了该项目的培训。

1998 年 4 月，约有 70 名来自第 3 特种部队群的美军人员，和比利时派出的军事训练分队一起，对加纳的一个营级规模的部队展开训练。其他非洲国家，例如塞内加尔、乌干达、马拉维、马里以及埃塞俄比亚也加入了“非洲危机应对计划”，接受了相应的训练。

1998 年 7 月，作为联合交流演练项目（JCET）的一部分，隶属于第 3 特种部队群第 2 营 C 连 ODA 364 作战分遣队的 9 名成员被派至特立尼达和多巴哥，对 24 名特立尼达和多巴哥特种部队成员开展训练和指导。在 JCET 项目中，美军特种部队人员被派至国外和当地的军事人员共同进行训练，目标包括提高自身的语言技能、了解区域情况、学习当地的文化、提升训练技能以及对特种部队关键任务清单（Special Forces Mission Essential Task List）的熟悉程度。

2002 年，阿富汗战场，隶属第 3 特种部队群 ODA342 作战分遣队的绿色贝雷帽队员。右侧的队员正在操作安装在“悍马”车上的 M240G 型 7.62×51 毫米中型机枪，枪的左侧配有一个容弹量 200 发的弹盒。

阿富汗战场上的陆军特种部队地面机动车辆（GMV）。地面机动车辆（GMV）是一款改良版的悍马车，拥有更高级的悬置装置，还有一个敞开的后舱，用来存储货物。

2008 年 12 月 15 日，隶属第 3 特种部队群 ODA3336 作战分遣队的绿色贝雷帽队员正在对阿富汗偏远的肖克山谷进行侦察。在那里，他们和叛乱武装进行了近 7 个小时的战斗。

一名隶属东南特种作战特遣队的第 3 特种部队群第 4 营的绿色贝雷帽队员从 UH-60“黑鹰”直升机的舱门前俯瞰下面的科哈斯乌如兹干。

在一次训练演习中，来自第 3 特种部队群的绿色贝雷帽队员在押解一名由其队友模拟的恐怖分子。

来自第 3 特种部队群第 1 营 ODA3111 作战分遣队的特种部队医护人员为在路边炸弹爆炸中受伤的伤员提供关键的紧急救护。

2007 年，阿富汗塔格布村，隶属第 3 特种部队群的绿色贝雷帽队员乘坐悍马车执行警戒任务，为正在给阿富汗儿童进行治疗的特种部队医护人员提供掩护。第 3 特种部队群一般在非洲司令部的责任区域执行任务。"9·11"事件之后，第 3 特种部队群下属分遣队作为阿富汗联合特种作战特遣队的一部分在阿富汗进行了部署。

20 世纪初

2000 年 11 月，为了支持美国国务院发起的"优先救助行动"（Operation Focus Relief），美军向西非地区派去了由陆军特种部队士兵和军事医疗人员组成的小分队，以促进地区稳定。当时，威胁地区稳定的主要因素是"革命统一战线"（Revolutionary United Front）组织。该组织是一支塞拉利昂反政府武装，为争夺该国的金刚石矿区，长期以来与联合国维和部队和塞拉利昂政府军为敌。第 3 特种部队群向该地派去了 250 名官兵，训练、指导尼日利亚军队，教会其士兵如何使用迫击炮、轻型反坦克武器以及 M60 机枪。

2000 年 10 月，该项目被迫中止了十天，原因是：约有 80 名不在参训名单之列的尼日利亚士兵加入了该项目。由于美国仅仅愿意为那些通过人权侵犯背景审查的士兵提供培训，美国国务院官员对这 80 名新加入的士兵进行了审查，以确保他们中没有人在过去曾因侵犯人权而被指控。项目重新开始后，曾背有"容忍侵犯人权行径"恶名的尼日利亚人，在美国训练人员的指导下，学会了如何正确对待平民和囚犯。2000 年 12 月中，在训练最后阶段，

750 名尼日利亚士兵举行了一次营级规模的进攻和防御演习。作为美军对尼日利亚总额高达6600 万美元军事援助的一部分，这次培训共耗资 2000 万美元。

2001 年 8 月，约 200 名美国陆军特种部队士兵结束了对来自加纳和塞内加尔的两个营的士兵的维和技能培训。该项培训也是“优先救助行动”的一部分。在“优先救助行动”进行到第二阶段时，部署到西非地区的美军人员又为参训的非洲国家部队配发了装备，并进行操作培训，从而使这些非洲士兵可以协助美军在其它非洲国家执行维和任务。参与该项目的美国士兵大多来自第 3 特种部队群和美国陆军特种作战司令部。美国驻欧洲陆军部队也派员参加了该项目。加纳营和塞内加尔营共接受了约 1500 套个人装备，这些装备包括帆布背包、餐盒以及新的制服和靴子。美军同时还为他们提供了 M16 突击步枪、轻机枪、2 .5 吨载重卡车、药品和通讯设备等。

自“9 · 11”事件以来，第 3 特种部队群加大了在阿富汗和中亚地区的参与力度。作为阿富汗联合特种作战特遣队（CJSOTF-A）的组成部分，第 3 特种部队群每年都会派两个营在阿富汗地区进行为期半年的部署。2002 年 5 月，第 3 特种部队群第 1 营的官兵接到任务，

▲ *2014 年 4 月 10 日，在阿富汗坎大哈省梅旺德地区进行的一次清剿行动中，一名隶属第 3 特种部队 3 连的阿富汗突击队员在集市上和一位当地村民聊天。他使用的是 Mk48 Mod 0 通用机枪。*

▲ 一名绿色贝雷帽队员正使用他的 M4 卡宾枪进行瞄准。

赶赴位于喀布尔的阿富汗军事学院对新成立的阿富汗国防军的几个营进行培训。这些接受训练的阿富汗军官和士官将在未来承担起对更多的阿富汗士兵进行训练的职责。

2005 年 10 月 1 日，该部队番号变更为第 1 特种部队团第 3 特种部队群。2007 年末，有报道称，美国国防部的官员正在创建一个隶属于新成立的非洲司令部（AFRICOM）的特种作战司令部，也就是后来广为人知的非洲特种作战司令部（SOCAFRICA）。在那段时间，第 3 特种部队群一直将注意力集中在美国中央司令部（US Central Command）责任区域以外的非洲地区，因此人们期待它能成为非洲特种作战司令部的一个组成部分。

2008 年，隶属于第 3 特种部队群的 ODA3336 中的 10 名成员因为在"肖克山谷战斗"（Battle of Shok Valley）中的出色表现而被授予"银星勋章"。这是自越战以来，为单次战斗授予嘉奖人数最多的一次。在授勋仪式上，时任美国陆军特种作战司令部（United States Army Special Operations Command）指挥官的陆军中将约翰·F·马尔霍兰作了以下致辞：

"当我听到你们的事迹时，我觉得难以置信。我找不到合适的话语来评价你们。……纵观全球，再也无法找到比美国士兵更出色的战斗人员了。而在美国士兵中，没有人比'绿色贝雷帽’更加出色的了。在座的各位，如果你们今天所听到的是电影中的情节，你们一定会摇头说：‘这是虚构的。’但是在现实中，这样的事情每天都在真实发生。”

2009 年 8 月 18 日，第 3 特种部队群第 4 营在布拉格堡正式启动。第 4 营的启动进一步扩大了特种部队群的规模。但这并不是第 3 特种部队群的单独动作，每支现役特种部队群都增加了一个营，这大大满足了美国陆军特种部队不断增长的全球任务对人员的迫切需求。最初的阶段，第 3 特种部队群第 4 营被分配到到非洲，支援已经在该地区展开行动任务的特种部队，其最终目标则是向阿富汗战区部署一支组织和能力完备的特种作战特遣队（Special Operations Task Force）以支持“持久自由”行动。

2010 年 10 月，第 3 特种部队群上士罗伯特·詹姆斯·米勒被追授“荣誉勋章”。2008 年 1 月 25 日，米勒所在的小队在靠近巴基斯坦边境的库纳尔省执行一次战斗侦察巡逻任务时，不幸中了埋伏。小队指挥官在袭击刚开始就受了重伤，无法继续指挥。米勒当时也受了伤，并且处于敌军的猛烈火力之下，但他依然坚守岗位并向多个关键敌方目标实施火力压制。队友们乘机将指挥官拖出火线并撤离到安全区域。米勒独立支撑战斗，击毙多名叛乱分子，最终不幸阵亡。

▲ 进行警戒的绿色贝雷帽士兵

▲ 进行警戒的绿色贝雷帽士兵。他面前的是大片的罂粟花。

2012 年 5 月 23 日，第 3 特种部队群第 1 营因在 2006 年“美杜莎行动”中的优异表现，被授予“加拿大总司令部队嘉奖”（Canadian Commander-in-Chief Unit Commendation）。授勋仪式由美国陆军特种作战司令部（USASOC）指挥官查尔斯·克利夫兰少将主持，加拿大远征部队司令部（CEFCOM ）指挥官斯图尔特·拜尔中将代表加拿大总督为该营颁奖。第 1 营是第一支被授予此项荣誉的非加拿大部队，也是第 7 支获得该奖项的部队。在授勋仪式上，斯图尔特作了如下致辞：

“2006 年的 8 月和 9 月，美国陆军第 3 特种部队群第 1 营在阿富汗地区与暴乱武装的作战中表现出了非凡的英雄气概和出色的战斗能力，有力支援了由加拿大部队牵头的作战行动。在完成最初的目标后，他们又主动要求去对付一支规模更大的敌人，以保护加拿大部队的侧翼，防止敌军发动有效反攻。尽管在数量上处于劣势，且敌军已经有充分准备，但他们依然毫不留情地对敌军发动了进攻，经过数天的激烈战斗后，最终成功夺取了阵地。”

▲ 激烈的枪战后，阿富汗突击队员相互扶携着前往医疗救护点。

历史沿袭

第 1 特种部队团第 3 特种部队群（空降）的前身可以追溯到 1942 年 7 月 5 日组建的第 1 特勤部队第 2 团第 1 营的营部和营部分遣队。第 1 特勤部队是一支美国－加拿大联合突击队，于 1942 年 7 月 9 号在蒙大拿州威廉·亨利·哈里森堡正式成立。二战期间，该部在第 1 特勤部队的建制下，共参加了 6 场战役，分别是：阿留申群岛战役、那不勒斯—福贾战役、罗马—阿诺战役、法国南部战役和莱茵兰战役。二战结束之前的 1945 年 1 月 6 日，该部在法国解散。

1960 年 4 月 15 日，该部在常规陆军中重新组建，同时并入的还有第 3 游骑兵步兵营营部和营部连（1943 年 5 月 21 日首次组建），新部队的番号为第 1 特种部队第 3 特种部队群总部和总部连。1963 年，该部于北卡罗莱纳州的布拉格堡正式启动，下属部队于 1964 年 2 月 18 日至 9 月 1 日期间组建，并于 1964 年 3 月 10 日至 9 月 25 日间正式加入现役。

1969 年，第 3 特种部队群在北卡罗莱纳州的布拉格堡被遣散。1986 年 2 月 3 日，第 3 游骑兵步兵营营部和营部连从该部队序列中退出，并与前第 1、第 4、第 5 和第 6 游骑兵步兵营的营部和营部连、第 2 步兵营的营部和勤务连，以及第 75 步兵（团）总部等多支部队合并，新部队番号变更为第 75 游骑兵团团部。

1990 年 7 月 1 日，第 3 特种部队群（缺第 2 营和第 3 营）在北卡罗来纳州布拉格堡重新启动。随后，第 3 特种部队群第 2 营和第 3 营分别于 1991 年 10 月 16 日和 1992 年 10 月 17 日启动。第 3 特种部队群的重启使得美国陆军特种部队现役作战群的数量达到了 5 支。每支特种部队群下辖 3 个营、1 个支援连和 1 个总部和总部连。每连下辖六支作为陆军特种部队心脏和灵魂的“阿尔法”作战特遣队。

▲ 美国士兵和阿富汗陆军突击队员协力将受伤的阿富汗士兵送上一架美国陆军的 UH-60“黑鹰”直升机。

著名成员

罗伯特·詹姆斯·米勒上士，“荣誉奖章”获得者。

爱德华·M·里德准将，美国陆军特种部队（空降）前指挥官。

乔治·M·皮特里少校，“西山劫俘”行动中最先着地的成员。他曾协助计划西贡撤离，也是最后一名撤离南越的特种部队成员（1975 年 4 月 30 日）。

斯坦·戈夫军士长，前特种部队作战军士、政治活动人士。

雷蒙德·艾伦·戴维斯参谋军士，CIA 民间承包商。

詹森·迈尔斯三级准尉，“杰出服务十字勋章”获得者。

在新落成的第 3 特种部队群纪念碑揭幕仪式上，第 3 特种部队群指挥官马克·施瓦兹陆上校发表讲话，高度评价了第 3 特种部队群的历史和在作战行动中的杰出表现。

在陆军特种作战纪念广场（Army Special Operations Memorial Plaza）上，第 3 特种部队群指挥小组成员——陆军上校马克·施瓦兹、五级准尉罗伯特·哈什和指挥军士长帕特里克·梅弗特在新落成的第 3 特种部队群纪念碑旁放置了一个花环。该纪念碑是为了纪念第 3 特种部队群的英勇历史和对国家的无私奉献。

第 5 特种部队群

第 5 特种部队群（空降）［5th Special Forces Group(Airborne), 简称 5th SFG（A）］是一支现役美国陆军特种部队群，组建于 1961 年 9 月 21 日，恰逢冷战高峰。第 5 特种部队群是美军在越南战场的主力特种部队，也是美军中最负盛名的特种部队之一。今天，第 5 特种部队群是美国中央特种作战司令部 (Special Operations Command, Central，简称 SOCCENT) 的组成部分，主要负责在美国中央司令部（CENTCOM）责任区域内实施特种作战行动。

历史沿袭

第 5 特种部队群的历史可以追溯到 1942 年 7 月 5 日成立的第 1 特种部队第 3 团第 1 营营部和营部分遣队。第 1 特种部队是一支美国－加拿大联合突击队，1942 年 7 月 9 日在蒙大拿州的威廉·亨利·哈里森堡正式启动。1945 年 2 月 6 日，第 1 特种部队在法国的维伦纽夫—卢贝解散。

1960 年 4 月 15 日，该营再入现役，并与第 5 游骑兵步兵营（组建于 1943 年 9 月 1 日）的营部和营部连合并，新的部队番号为第 1 特种部队第 5 特种部队群总部和总部连。1961 年 9 月 8 日，下属单位组建。1961 年 9 月 21 日，第 5 特种部队群在北卡莱罗纳州布拉格堡正式入役，并被指定为空降部队。

1986 年 2 月 3 日，第 5 游骑兵步兵营营部和营部连退出了第 5 特种部队群，与原第 1、第 3、第 4 和第 6 游骑兵步兵营的营部和营部连、第 2 步兵营营部和勤务连，以及第 75 步兵（团）总部合并。合并后的新部队番号为第 75 游骑兵团团部。从此，游骑兵部队和陆军特种部队开始了各自的发展历程。

2005 年 10 月 1 日，该部被重新命名为第 1 特种部队团第 5 特种部队群。

2008 年 8 月 8 日，第 5 特种部队群第 4 营在肯塔基州坎贝尔堡正式加入现役。该营也是陆军特种部队近 16 来首次启动的一支营级部队，标志着新的时代条件下陆军特种部队扩张的开始。紧随随后，其它四支现役特种部队群也各加入一个新的营。这 5 个营的入役大大缓解了全球反恐战争中美国对训练有素的特种作战人员的需求空缺。

▲ 1991 年 2 月，ODA525 特种作战分遣队在渗透进入伊拉克前的合影。

部队历史

越南战争

1961 年，为了应对越南共产党武装日益增长的威胁，约翰·F·肯尼迪总统开始重新起用特种部队，期望发挥他们在反暴乱作战方面的经验和优势。第 5 特种部队群就位列其中。当他们在特种战争中心（Special Warfare Center）进行训练时，肯尼迪总统参观了该部队，并亲自批准将绿色贝雷帽授予他们佩戴，作为陆军特种部队的独特标志。一年之后，第 5 特种部队群就作为越南共和国陆军（Army of the Republic of Vietnam，简称 ARVN）的战地顾问团在越南进行了首次部署。刚开始的时候只是临时性任务，后来逐步演变为经常性任务。随着战争形势的发展，1965 年 2 月，第 5 特种部队群已经成为越南战场的主要作战力量之一。第 5 特种部队群的行动基地设在芽庄（Nha Trang），行动范围覆盖南越的 4 个军区，在 270 个地点设立了营地。在那里，他们训练和领导越南本地武装，包括平民非常规防御群（Civilian Irregular Defense Group，简称 CIDG）和越南共和国陆军（Army of the Republic of Vietnam，简称 ARVN）常规部队。他们与越南人民军下属的非常规作战部队以及其它共产党武装展开了长期的激烈厮杀，战果显赫。尽管从规模来说，第 5 特种部队群是所有在越南美军部队中最小的一支，但却凭借优异的表现获得了 20 面战役参与长条旗。后来，随着战争的“越南化”，第 5 特种部队群又成了最后一批撤出越南的美军部队之一。

1969 年 6 月，多名第 5 特种部队群成员涉嫌杀害被怀疑是双重间谍的蔡泰卡，并试图掩盖真相。7 月，涉案的 7 名军官和 1 名军士被捕，其中就包括新上任的第 5 特种部队群指挥官——陆军上校罗伯特·B·雷亚特，这就是后来广为人知的“绿色贝雷帽丑闻”。蔡泰卡因为参与 GAMMA 项目而为第 5 特种部队群工作过。后来，他被怀疑向越共提供情报，遭到了数十天的单独禁闭和严刑拷打，最后被射杀，尸体被扔入大海。美国的报纸和电视对此事进行了争相报道，使得美国人当时的反战情绪更加火上浇油。1969 年 9 月，陆军部长斯坦利·雷瑟宣布撤销对第 5 特种部队群涉案人员的指控，原因是中央情报局以涉密为由拒绝为该案提供目击者。

1970 年 4 月，第 5 特种部队群开始着手削减其部署在越南地区的人员。随后，当年 11 月和 12 月，该部队的人员和连队规模又进一步地进行了精简和收缩。1971 年 3 月 5 日，迈克·D·希利上校（后升为少将）率领一支由 94 人组成的分遣队，护送第 5 特种部队群军旗返回布拉格堡，结束了在越南地区的战斗服务。但该部队的成员仍继续在东南亚地区执行情报行动，直到南越政府于 1975 年 4 月 29 日垮台。在越南期间，该部官兵共获得了 16 枚“荣誉勋章”，就其部队规模来说，这是非常值得骄傲的纪录。

此后，第 5 特种部队群一直驻扎在布拉格堡，直到 1988 年 6 月 10 日。1988 年 6 月 16 日，第 5 特种部队群的军旗由第 101 空中突击师师长特迪·G·艾伦少将、第 5 特种部队群指挥官哈利·C·戴维斯上校（后来升为少将），以及军士长约瑟夫·丹尼森在肯塔基州坎贝尔堡一起展开，标志着该部队正式搬迁到了新家。

▲ *2001 年末，隶属第 5 特种部队群的绿色贝雷帽队员和阿富汗北方联盟军队并肩作战。注意三脚架上安装的激光指示器。通过它，绿色贝雷帽队员和空军战斗控制员可以在敌方武器的射程之外，呼唤己方飞机对敌方目标实施精确打击。*

冷战后期

1989 年，美国在联合国的支持下，通过“萨拉姆行动”，在巴基斯坦的里萨尔布尔及奎塔组建了阿富汗排雷训练营。从 1989 年到 1995 年，共有 17055 名扫雷人员在训练营接受了排雷训练。“萨拉姆行动”还有一项重要内容就是向阿富汗难民传授地雷防护意识，从而有效识别地雷并采取适当的防御措施。所有参加此次行动的第 5 特种部队群官兵都获得了联

▲ 2001年，绿色贝雷帽队员与后来成为阿富汗总统的哈米德·卡尔扎伊合影。在驱逐塔利班的战役中，陆军特种部队作战分遣队与卡尔扎伊领导的部队一起从阿富汗南部打到了坎大哈。

合国授予的“阿富汗人道主义援助服务奖章”。

1990年8月，伊拉克入侵科威特。美国迅速作出反应，在中东地区部署部队，并联合阿拉伯国家开展“沙漠盾牌”行动（Operations Desert Shield）和“沙漠风暴”行动（Operations Desert Storm）。第5特种部队群（空降）也接到了行动命令，隶属陆军第1特种作战特遣队（Army's First Special Operations Task Force，简称ARSOTF）。在此期间，第5特种部队群的106个特种作战小队执行了难以计数的各种各样的任务，包括：支持联合作战；联合沙特阿拉伯军队共同执行外国内部防御、特种侦察、边境监视、直接行动、战斗搜索和营救等任务；为一支人数超过6个美国陆军师的泛阿拉伯武装力量提供建议和帮助，包括对科威特民间武装力量开展训练和进行联络。在所有这些任务中间，第5特种部队群承担的边境监视任务尤其重要。他们为美军和泛阿拉伯武装力量提供了大量翔实、精准的地面情况报告，为后期地面行动的顺利实施发挥了关键作用。在这个过程中，美国和阿拉伯独裁政权之间也形成了崭新的军事关系，其重要性直至今天依然有增无减。由于第5特种部队群的出色表现，联军总司令诺曼·施瓦茨科普夫将军高度赞扬了陆军特种部队，将他们形容为常规部队的“眼睛和耳朵”以及“促成联军紧密合作的胶水”。

在 1990 年 8 月 2 日至 1995 年 11 月 30 日期间，一批经过筛选且未提名字的第 5 特种部队群成员被授予“西南亚服役奖章”（Southwest Asia Service Medal）、“沙特阿拉伯－科威特解放勋章”（Saudi Arabia Kuwait Liberation Medal）、“科威特解放勋章”（Kuwaiti Kuwait Liberation Medal）、“国防服役奖章”（National Defense Service Medal）以及“英勇部队嘉奖”（Valorous Unit Award）。

1992 年 12 月 3 日，联合国安理会第 794 号决议授权美国领导对索马里的干涉行动，并“不惜使用一切必要手段尽快在索马里地区为开展人道主义救援行动建立一个安全的环境”。而早在此之前的 1992 年 8 月，第 5 特种部队群就已经被部署到索马里，执行战场情况搜集任务。这时，距离美军主力部队部署到索马里还有整整 4 个月。参与行动的部分第 5 特种部队群成员后来获得了“武装力量远征勋章”（Armed Forces Expeditionary Medal）和“联合国奖章”（United Nations Medal）。

1993 年 6 月 11 日，美国特种作战司令部（US Special Operations Command）总司令韦恩·A·唐宁将军为第 5 特种部队群颁发了“英勇部队嘉奖”（Valorous Unit Award），以表彰他们在 1991 年 1 月 17 日至 1991 年 2 月 28 日期间的“沙漠风暴”行动中的优异表现。

西南亚

1995 年，第 5 特种部队群向距离中国和阿富汗不远的巴基斯坦北部边境派出了特种部队小队。在那里，他们与巴基斯坦特勤部队（Pakistani Special Services Group）展开了联合训练。这一任务仅仅是陆军特种部队在全球范围执行的数百次任务其中的一个，旨在将美国的影响扩展至世界上最偏远的角落。

1995 年 12 月至 2003 年 3 月 18 日期间，第 5 特种部队群的官兵在西南亚地区参加了以下行动：“南方守望”行动（Operation Southern Watch）、“海上拦截”行动（Maritime Intercept Operation）、“机警哨兵”行动（Operation Vigilant Sentinel）、“北方守望”行动（Operation Northern Watch）、“沙漠惊雷”行动（Operation Desert Thunder）、“沙漠之狐”行动（Operation Desert Fox）、“固有行动”演习（Exercise Intrinsic Action）、“金鸢尾”演习（Exercise Iris Gold）、“沙漠之春”行动（Operation Desert Spring）、“重建希望”行动（Operations Restore Hope）和“联合盾牌”行动（Operations United Shield）。所有参与上述行动的人员均获得佩戴“武装力量远征勋章”（Armed Forces Expeditionary Medal）的资格。

▲ 2001 年，隶属第 5 特种部队群的绿色贝雷帽队员与领导“持久自由”行动的美军指挥官托米·弗兰克将军会面。陆军特种部队在这次战役中发挥了关键作用。注意左边的士兵携带的特种步枪（Special Purpose Rifle，简称 SPR）。

“持久自由”行动

2001 年 9 月 13 日，第 5 特种部队群受命建立一个前沿司令部，为即将在阿富汗开展的军事行动进行准备。10 月 19 日，第 5 特种部队群派出包括 ODA 555 作战分遣队在内的多支 A 作战分遣队渗透进入阿富汗。他们与北方联盟建立联系，密切合作，推翻了塔利班政府。他们也是首批进入阿富汗的美军地面力量。

第 5 特种部队群的马克·E·米切尔少校因“持久自由”行动期间，在 2001 年 11 月阿富汗沙里夫地区战斗中的英勇表现被授予“杰出服务十字勋章”（Distinguished Service Cross）。

“伊拉克自由/新曙光”行动

在开展“伊拉克自由”行动期间，第5特种部队群作为阿拉伯半岛联合特种作战特遣队（CJSOTF-AP）的一部分，行动遍布伊拉克各地。他们成功协助实施了对伊拉克独裁者萨达姆·侯赛因的抓捕行动，还与来自弗吉尼亚、德克萨斯、路易斯安那、纽约以及明尼苏达等多个州的国民警卫队特种部队成功进行了协作。

▲ 2003年3月27日，在伊拉克纳贾夫的一次作战行动中，隶属第5特种部队群ODA554小队的两名绿色贝雷帽士兵正在地面机动车辆(Ground Mobility Vehicle，简称GMV)上通过望远镜进行观察，可以清楚地看到车上的M2型.50口径机枪和M240型机枪。在攻克纳贾夫城的战斗中，ODA554小队和第101空中突击师并肩战斗。

部队荣誉

第 5 特种部队群是美军中最负盛誉的军事集体之一。在越南战争中，该部官兵共被授予 16 枚“荣誉勋章”，其中有 8 枚属于死后追授。该勋章是授予给那些在激烈战斗中表现出无与伦比的勇敢和英雄主义的军人的最高荣誉。他们分别是：

休伯特·洛克·范思哲上尉
小尤金·艾希利上士
盖瑞·B·贝科池中士
威廉·M·布莱恩特上士
布莱·L·布克中士
小查尔斯·E·霍斯金军士长
罗格·杜伦上尉（后升为上校）
查尔斯·Q·威廉二级中尉（后升为陆军少校）
戈登·英特马中士
罗伊·P·贝纳维德斯军士长（隶属 MAC-V SOG）
劳伦·哈根一级中尉（隶属 MAC-V SOG）
罗伯特·L·霍华德上士（隶属 MAC-V SOG）
菲弗·约翰·J·坎登伯格专业军士（隶属 MAC-V SOG）
富兰克林·D·米勒参谋军士（后升为军士长，隶属 MAC-V SOG）
乔治·K·斯勒一级中尉（隶属 MAC-V SOG）
佛雷德·W·扎比托斯基上士（隶属 MAC-V SOG）

第5特种部队群所获部队嘉奖

因在1966年11月至1968年1月在越南服役期间的表现被授予“总统部队嘉奖”（Presidential Unit Citation）；

因在1968年1月31日至12月31日在越南服役期间的表现被授予“杰出部队嘉奖”（Meritorious Unit Citation）；

因在1964年5月15日至1968年8月16日期间参与“三角洲”计划的B-52分遣队、1968年8月18日至8月25日在Soui Da执行任务的A-322分遣队、1964年10月1日至1969年5月17日期间服役的第5特种部队群，被授予带棕榈标识的“越南英勇十字勋章”（Vietnam Cross of Gallantry with Palm）；

因在1968年3月4日至4月4日参与“三角洲”计划B-52分遣队，被授予“英勇部队奖章”（Valorous Unit Award）；

因1969至1970年在越南服役期间的表现被授予越南共和国带棕榈标识的“英勇十字勋章”（Cross of Gallantry with Palm）；

因在1968年1月1日至1970年9月24日期间在越南服役时的表现被授予“越南民事行动一级荣誉勋章”（Vietnam Civil Action Honor Medal, First Class）；

因在1967年4月17日至6月17期间和1967年7月15日至8月17日期间参与“三角洲”计划B-52分遣队，被授予“海军部队嘉奖”（Navy Unit Commendation）；

因在1968年1月20日至4月1日期间参与朗维海军A-101分遣队、溪山3号前沿作战基地以及岘港指挥和和控制小组被授予“总统部队嘉奖”（Presidential Unit Citation）；

因1991年在伊拉克和科威特服役期间的表现被授予“英勇部队嘉奖”（Valorous Unit Award）；

因2001至2002年在阿富汗服役期间的表现被授予“总统部队嘉奖”（Presidential Unit Citation）；

因在越战期间参与越南军援司令部研究与观察群（MACV-SOG）的秘密军事行动而于2001年被授予“总统部队嘉奖”（Presidential Unit Citation）；

此外，第5特种部队群第1营、第2营和第3营各因在1992年至1993年服役期间的表现分别被授予“陆军优胜部队嘉奖”（Army Superior Unit Award for 1992 - 1993）。

历任指挥官

L. H. 施韦特上校（任职时间为 1961 年 9 月至 1962 年 7 月）

L. E. 威尔士上校（任职时间为 1962 年 7 月至 1963 年 7 月）

G. C. 莫顿上校（任职时间为 1963 年 7 月至 1963 年 11 月）

T. 伦纳德上校（任职时间为 1963 年 11 月至 1964 年 7 月）

H. F. 若耶上校（任职时间为 1964 年 7 月至 1964 年 8 月）

J. M. 斯皮尔斯上校（任职时间为 1964 年 8 月至 1965 年 7 月）

W. A. 麦凯恩上校（任职时间为 1965 年 7 月至 1966 年 6 月）

F. J. 凯利上校（任职时间为 1966 年 6 月至 1967 年 6 月）

J. F. 莱德上校（任职时间为 1967 年 6 月至 1968 年 6 月）

H. R. 亚伦上校（任职时间为 1968 年 6 月至 1969 年 5 月。后以中将军衔退役。）

C. G. 罗斯中校（代理。时间为 1969 年 5 月。）

R. B. 雷亚特上校（任职时间为 1969 年 5 月至 1969 年 7 月）

A. 兰伯斯上校（任职时间为 1969 年 7 月至 1969 年 8 月）

M·D·希利上校（任职时间为 1969 年 8 月至 1971 年 3 月。后以少将军衔退役。）

J·B·杜尔斯上校（任职时间为 1971 年 3 月至 1972 年 6 月）

E. L. 基斯林上校（任职时间为 1972 年 6 月至 1973 年 12 月）

A. C. 哈里斯上校（任职时间为 1973 年 12 月至 1974 年 8 月）

R. 马拉多维兹上校（任职时间为 1974 年 8 月至 1976 年 2 月）

C. L. 斯特恩斯上校（任职时间为 1976 年 2 月至 1977 年 6 月）

R. A. 蒙泰尔上校（任职时间为 1977 年 6 月至 1978 年 12 月）

G. W. 麦戈文上校（任职时间为 1978 年 12 月至 1980 年 12 月）

H. E. 巴南上校（任职时间为 1980 年 12 月至 1982 年 12 月）

J. A. 格斯特上校（任职时间为 1982 年 12 月至 1985 年 6 月。后以少将军衔退役。）

L. W. 达根上校（任职时间为 1985 年 6 月至 1987 年 6 月）

H. C. 戴维斯上校（任职时间为 1987 年 6 月至 1989 年 11 月。后以少将军衔退役。）

J. W. 克劳斯上校（任职时间为 1989 年 11 月至 1991 年 8 月。）

K. R. 鲍勒上校（任职时间为 1991 年 8 月至 1993 年 8 月。后以少将军衔退役。）

J. W. 诺埃上校（任职时间为 1993 年 8 月至 1995 年 8 月。）

T. M. 卡兰上校（任职时间为 1995 年 8 月至 1997 年 8 月。）

D. P. 布朗利上校（任职时间为 1997 年 8 月至 1999 年 11 月。）

C. W. 帕克斯顿上校（任职时间为 1999 年 11 月至 2001 年 7 月。）

J. F. 马尔霍兰上校（任职时间为 2001 年 7 月至 2003 年 7 月。现役陆军中将。）

H. E. 帕甘上校（任职时间为 2003 年 7 月至 2005 年 7 月。现役陆军准将。）

K. 麦克唐奈上校（任职时间为 2005 年 7 月至 2007 年 7 月）

C. E. 唐纳上校（任职时间为 2007 年 7 月至 2009 年 8 月）

M. E. 米切尔上校（任职时间为 2009 年 8 月至 2011 年 8 月）

S. E 布劳尔上校（任职时间为 2011 年 8 月至今）

第 7 特种部队群

第 7 特种部队群（空降）是一支美国陆军现役特种部队群，组建于 1960 年 5 月 20 日。第 7 特种部队群由驻地位于北卡莱罗纳州布拉格堡的第 77 特种部队群重组而来，其主要任务是开展游击战，并对南美洲、中美洲、北美洲以及加勒比海地区的友好国家的武装力量进行训练。1983 年，第 7 特种部队群参加了美军入侵格林纳达的“紧急暴怒”行动。1989 年，该部又参加了美军入侵巴拿马的“正义事业”行动。在反恐战争中，和其它各特种部队群一样，第 7 特种部队群也广泛参与了美国在伊拉克和阿富汗的作战行动。

部队历史

第二次世界大战

第 7 特种部队群的历史可以追溯到二战期间成立的第 1 特种部队第 1 营第 1 连。该连是一支由加拿大和美国突击队员组成的混合部队，其预定任务是在北欧地区对德国刚刚起步的核能力和设施实施突袭、破坏，但实际上该连却被部署到阿留申群岛对付日本人。在这场战役中，他们面对的不仅仅是负隅顽抗的日军，还有恶劣的极地气候。

阿留申群岛战役胜利结束后，该部被调至欧洲战区，参与了阿留申群岛战役、那不勒斯－福贾战役、安奇奥战役、罗马—阿诺战役、法国南部战役和莱茵兰战役等 6 次战役。由于其在意大利和法国南部的出色战绩，该部队获得了一个绰号——“魔鬼旅”。1945 年，该连在法国被遣散。

冷战初期

1953 年 11 月 10 日，原第 1 特种部队第 1 营第 1 连以第 77 特种部队群的新番号在布拉格堡重新启用。

1960 年，第 77 特种部队群进行了重组，重组后的部队被命名为第 7 特种部队群。在所有美国陆军现役特种部队群中，第 7 特种部队群不是历史最悠久的，但却被称作“美国陆军特种部队的基石”。正是在第 7 特种部队群的基础上，陆军特种部队的规模在约翰·肯尼迪总统任职期间得到了快速扩充。20 世纪 60 年代，随着形势的发展，对机动训练小队的需求越来越大，已经超出了当时美军的能力。作为应急，第 7 特种部队群向负责中东和非洲地区的第 3 特种部队群和第 6 特种部队群派遣了骨干力量进行支援。

▲ 2013 年 1 月 17 日，佛罗里达州埃格林空军基地，来自第 7 特种部队群的绿色贝雷帽队员手握绳索从 40 英尺高的滑降墙上飞驰而下。该训练有助于他们在实战中从直升机上快速滑降到目标地点。

越南战争

早在越战初期，第 7 特种部队群就十分活跃。其第一次行动是在老挝进行的“白星行动”。之后，除了在老挝、泰国、柬埔寨等东南亚地区的行动以外，第 7 特种部队群还在全球其它地方展开了各种各样的行动。在越南期间，第 7 特种部队群的罗杰·杜伦上尉成为在该地区首位获得“荣誉勋章”的人员。

从滑降塔上缘绳下降的绿色贝雷帽队员

拉丁美洲

同一时期，陆军特种部队也将其触角伸到了拉丁美洲。1962 年 5 月，来自第 7 特种部队群 D 连的先遣队动身前往巴拿马运河区的吉利克堡，组建第 8 特种部队群。1972 年，第 8 特种部队群番号撤销，部队重新并入第 7 特种部队群，新番号为第 7 特种部队群第 3 营。

按照预定计划，第 7 特种部队群（空降）应于 1980 年 10 月 1 日正式退出现役。随着美国陆军 POM 的完成和批准，该部队将不再存在。但爱德华・C・迈耶斯将军在获得美国南方司令部的情况报告，并与南方司令部司令官华莱士・H・拿汀中将、第 7 特种部队群第 3 营指挥官查尔斯・弗里中校详细讨论后，考虑到中美洲地区持续增长的威胁以及保持美国对威胁的应对能力，最终撤销了该决定。

1980 年，里根总统上台执政。这一时期，共产主义势力在整个拉丁美洲地区迅速蔓延开来。共产党掌握了中美洲国家尼加拉瓜的政权，并得到了古巴的支持，他们极力向其邻国萨尔瓦多和洪都拉斯输出革命。第 7 特种部队群第 3 营为萨尔瓦多的美军训练团起起草了训

▲ 2012 年 2 月 5 日，佛罗里达州埃格林空军基地，来自第 7 特种部队群的绿色贝雷帽队员正从一架 CH-47“支奴干”直升机的尾舱快速绳降着陆。

▲ 2014 年 5 月 8 日，洪都拉斯特古西加尔巴，来自第 7 特种部队群的绿色贝雷帽士兵正在为一名参加体能测试的洪都拉斯士兵进行测评打分。

练计划，该计划最终得到了美国南方司令部和里根政府的认可，并批准执行。在整个 20 世纪 80 年代的 10 年中，第 7 特种部队群在萨尔瓦多军队中发挥了非常关键的顾问作用。在第 7 特种部队群的训练和指导下，萨尔瓦多军队由 1.2 万人上升至 5.5 万人，从一支只能维持治安的警察力量成长为一支经过高度训练的反暴乱武装力量。由于其杰出的努力，第 7 特种作战群被授予了刺有“拉丁美洲 1985—1986”字样的陆军杰出部队长条旗（Army Superior Unit Award Streamer）。

在洪都拉斯，第 7 特种部队群同样发挥了至关重要的作用。他们帮助洪都拉斯军队做好准备，以抵御和粉碎任何潜在的来自尼加拉瓜的入侵行动。此外，第 7 特种部队群还对洪都拉斯军队进行反暴乱战术训练，成功帮助其战胜了洪都拉斯的共产党游击队。

第 7 特种部队群还卷入了委内瑞拉、哥伦比亚、厄瓜多尔、秘鲁、玻利维亚等安第斯山脉国家的反毒品行动中。其目的不仅仅是防止毒品从这些国家流入美国本土，也是为了遏制上述国家中由于毒品贸易非法流入且无法控制的美元所导致的日益泛滥的暴力。

1989 年 10 月 3 日，部分巴拿马军队发动了反对巴拿马总统诺列加的政变。为了解救诺列加，第 7 特种部队群派出下属分队在由 2000 营营区通向巴拿马城的公路附近实施侦察行动，为美国南方司令部提供关于巴拿马精锐部队开进、营救关押在巴拿马司令部（Panamanian Comandancia）的诺列加总统的早期预警情报。与此同时，隶属第 7 特种部队群的一个连也做好了接管诺列加的准备。政变结束后，诺列加总统被释放，该连又准备对 Carcelo Modelo 发动突袭，营救被关押在那里的美国人库尔特·缪斯，他因为非法运营一座播放反对诺列加节目的无线电台而被捕。该任务随后被移交给三角洲特种部队（1st SFOD-D），并在“正义事业”行动开始当天成功实施。

1989 年 12 月 19 日至 1990 年 1 月 31 日，第 7 特种部队群派出部分人员参与了美国发动的旨在恢复巴拿马民主的“正义事业”行动。行动开始之前，第 7 特种部队群被赋予了对多个战略目标开展行动的任务。在接下来的两个星期里，第 7 特种部队群实施了多次侦察和直接行动，并协助名为“Ma Bell Take downs”的夺取分布在该国乡村地区的 5 个巴拿马大型联合企业的行动。

当行动最终停止时，第 7 特种部队群下辖的 A 作战分遣队及 B 作战分遣队呈扇形广泛

▲ 2013 年 2 月 5 日，佛罗里达州埃格林空军基地，使用特殊目的的渗透 / 撤离（SPIE）装置的第 7 特种部队群士兵被一架 CH-47“支奴干”直升机从地面拉起。

分布于整个巴拿马地区。队员们与当地人民一起住在村落里，在对新成立的巴拿马警察部队进行监督的同时，他们帮助恢复了当地的供水、供电等公共设施。士官们担任临时的法官和市长，获得了民众的大力支持。战后，第7特种部队群因其出色表现被授予了战役参与长条旗。

“正义事业”行动结束后，第7特种部队群第2营和第3营又继续留在巴拿马参与为期6个月的“促进自由”行动（Operation Promote Liberty），并发挥重要作用。该行动结束后，巴拿马成功地从一个由腐败军队支撑的军事独裁政权转变为一个由警察力量保护的合法民主政府。

▶ 隶属ODA7224作战分遣队的绿色贝雷帽队员被用SPIE系统吊起。队员们通过背上的装具连接在从直升机上放下的绳索上，由直升机运送到一个安全的着陆地点。

全球反恐战争

从2002年初起，为了支持在阿富汗的“持久自由”行动，第7特种部队群就一直马不停蹄，和第3特种部队群一起承担起了在阿富汗地区的特种作战任务。同时，该部队还为支持在伊拉克进行的“伊拉克自由”行动进行了多次部署，但不像在阿富汗地区那样频繁。在全球反恐战争中，第7特种部队群是所有特种部队群中损失人员最多的部队。

▲ 隶属第7特种部队群ODA7224作战分遣队的绿色贝雷帽队员正在等待MH-47“支奴干”直升机进行SPIE撤离。ODA7224作战分遣队是一支跳伞小队，隶属于第7特种部队群第2营B连，擅长进行自由落体跳伞渗透。

2002年9月12日，阿富汗坎大哈省，来自第7特种部队群第1营A连的斯特普·哈恩军士长递给一名阿富汗男孩一本彩色绘本书。第7特种部队群和阿富汗突击队当时正与当地宗教领袖会面，以争取当地人的支持，并获得隐藏在该地区的叛乱分子的信息。在阿富汗的反恐战争中，陆军特种部队经常与阿富汗突击队并肩作战，士兵们的穿着看起来和阿富汗突击队员也没什么区别。

搬迁

2005年，美国国防部在其基地调整及关闭计划（Base Realignment and Closure，简称BRAC）中，建议将第7特种部队群的驻地从北卡莱罗纳州的布拉格堡搬迁到佛罗里达州的埃格林空军基地。2010年，作为2005年BRAC的一部分，第7特种部队群搬入了新驻地——埃格林空军基地。

2011 年 10 月 14 日，在第 7 特种部队群新驻地的剪彩仪式和开放参观日上，当国歌响起时，绿色贝雷帽队员们敬礼致意。

在第 7 特种部队群新驻地剪彩仪式和开放观察日上，第 7 特种部队群上士约赫夫·维拉努埃瓦在向一个参观的孩子讲解悍马车安装的 M2 型 .50 口径重机枪。

2013 年 2 月 11 日，德克萨斯州布里斯堡，来自第 7 特种部队群的绿色贝雷帽队员驾驶轻型战术全地形车（Light Tactical All Terrain Vehicles, 简称 LTATV）疾驰在砂石路面上，为即将开始的阿富汗战斗部署行动做任务前准备。

轻型战术全地形车（LTATV）上的绿色贝雷帽队员

一名第7特种部队群教官正向士兵们演示操作轻型战术全地形车（LTATV）。

来自第20特种部队群的绿色贝雷帽队员使用M4 CQBR卡宾枪进行射击。

在内华达州霍桑附近进行的任务前训练中，一名来自第7特种部队群的绿色贝雷帽成员正在指挥他的小队向模拟目标发起攻击。

在内华达州霍桑附近进行的任务前训练中，来自第7特种部队群的绿色贝雷帽队员向一个模拟的敌军地堡发动攻击。

2007年，阿富汗赫尔曼德省，隶属第7特种部队群的绿色贝雷帽队员乘坐悍马车在乡村巡逻。陆军特种部队的每个营都至少有一支机动小队。机动小队擅长驾驶地面机动车辆进行远距离、大范围部署，每个机动小队下辖4辆悍马车，每辆车上各有3名绿色贝雷帽队员。

第 10 特种部队群（空降）

部队概况

第 10 特种部队群（空降）［10th Special Forces Group（Airborne），简称 10th SFG(A)］是一支现役美国陆军特种部队群，驻地位于科罗拉多州卡森堡，隶属于位于北卡罗莱纳州布拉格堡的美国陆军特种部队司令部（Army's Special Forces Command），其主要任务是非常规作战、特种侦察以及外国内部防御等。作为欧洲特种作战司令部（Special Operations Command, Europe，简称 SOCEUR）的组成部分，第 10 特种部队群负责美国欧洲司令部（Europe Command，简称 EUCOM) 责任区域内的行动。除了欧洲战区，第 10 特种部队群还部分参与了非洲和中东地区的行动。 2009 年，根据特种作战司令部发出的一项新指令，该作战群现在也同时负责支援非洲司令部（AFRICOM）责任区域内的行动。

▲ 2010 年 2 月 15 日，德国某地，在为一次夜间人质解救训练进行的排练中，隶属第 10 特种部队群的陆军特种部队士兵在完成一栋房屋的清扫后，搭乘悍马车前往下一个目标地点。

▲ 在为夜间人质解救训练进行的排练中，一辆悍马车对另一辆出现故障的悍马车进行救援。

▲ 在为夜间人质解救训练进行的排练中，当攻击小组突入房屋实施清扫行动时，其他队员在房屋外执行警戒任务。

▲ 在为夜间人质解救训练进行的排练中，担任攻击小组的绿色贝雷帽队员迅速向房屋的入口处冲去。

▲ 在房屋清扫行动中，攻击小组在肃清了一楼的房间以后，迅速沿楼梯向二楼运动。

历史沿袭

第 10 特种部队群的历史可以追溯到 1942 年 7 月 5 日成立的美国陆军第 1 特勤部队第 1 团第 2 营第 4 连。第 1 特勤部队是一支加拿大—美国联合部队，于 1942 年 7 月 9 日在蒙大拿州威廉·亨利·哈里森堡正式成立。第二次世界大战期间，该部队在第 1 特勤部队的序列下共参加了 6 场战役，分别是：阿留申群岛战役、那不勒斯－福贾战役、安齐奥战役、罗马－阿诺战役、莱茵兰战役和法国南部战役（并荣获标志着参与最初攻击的箭头旗帜）。1945 年 1 月 6 日，在二战临近结束时，该部队在法国被解散。

1960 年 4 月 15 日，该部队作为常规陆军单位重新组建，并与第 2 步兵营 A 连合并（1943 年 4 月 1 日首次成立），番号变更为第 1 特种部队团第 10 特种部队群总部和总部连。1960 年 9 月 30 日，该部队再次与原有的第 10 特种部队群总部和总部连合并（后者于 1952 年 5 月 19 日开始组建，并于 1952 年 6 月 11 日在北卡罗莱纳州布拉格堡正式成立），合并后合称为第 1 特种部队第 10 特种部队群总部和总部连。与此同时，其下属分遣队也开始组建，并于 1961 年 3 月 20 日正式成立。

佐治亚州科特萨尼斯靶场，一名隶属第 10 特种部队群的绿色贝雷帽队员正在进行瞄准射击。他所使用的 M4A1 卡宾枪上装有 Trijicon Acog 瞄准镜和 AN/PEQ-2 红外激光器。

在陆军特种作战司令部狙击手比赛中，一名来自第 10 特种部队群的绿色贝雷帽狙击手使用一支 9 毫米口径手枪向目标射击。该科目的设置目的是为了测试狙击手从近距离射击快速转换到远距离射击的能力。

部队历史

1952年6月19日，第10特种部队群（空降）在北卡罗莱纳州的布拉格堡正式成立，艾伦·班克上校出任指挥官，小威廉·C·马丁少校任执行官。在此之前的 1952 年 5 月 19 日，第 10 特种部队群（空降）司令部和司令部连就已经先行成立。第 10 特种部队群（空降）的成立是多方努力的成果，旨在建设一支战时执行非常规作战任务的长久性部队，这也是非常规作战分遣队发展的必然结果。非常规作战分遣队在第二次世界大战中就已经存在，例如美国－加拿大第 1 特勤部队，以及中央情报局的前身——战略服务　局下辖的可部署分遣队（通常被称为 “杰德堡小队”，不过该称呼只适用于派遣到法国的队伍；派遣到中欧和巴尔干地区的队伍通常被称为“OG 小组”）。

班克上校被视作美国陆军特种部队之父，他曾效力于战略服务局（OSS）下属的多支不同部队，包括著名的杰德堡小队。而 17 岁就入伍的马丁少校最初加入的是美国海军，二战期间晋升为二级中尉。在被分配到特种部队之前，他是美国陆军第 7 军他所在的重量级的拳王。马丁在第 82 空降师中担任过连长，参加了在北非和西西里岛的作战、“市场花园”行动以及突出部战役等。在朝鲜战争中，他服役于第 182 战斗队，并获得了他本人的第三枚“战斗跳伞之星”勋章。他在 37 岁时以少校军衔退伍，当时他正在驻地位于德国巴特特尔兹的第 10 特种部队群服役。

美国陆军组建第 10 特种部队群，目的是为了在苏联入侵西欧时能够有一支在苏联红军后方开展游击战的力量。因此，从一开始，美国陆军就计划在欧洲本土进行第 10 特种部队群的人员招募。最初的时候，甚至有人提议第 10 特种部队群的士兵中应该至少有一半是欧洲人。由于部队任务和士兵身份的特殊性，第 10 特种部队群在成立初期一直被笼罩在神秘的光环之下。

后来，一批来自东欧国家的士兵加入了进来，并吸引更多和他们一样的人加入作战群。他们在特种部队中找到了发挥自身独特能力的舞台和与自己性格相适应的岗位。这些人后来被称为“洛奇法案”士兵，得名于 1951 年通过的《洛奇法案》（或《洛奇法令》）。该法令授权美国军方征召外国国籍公民加入美军。这些士兵中有很多人在铁幕（指苏联控制下的东欧与美国领导的西欧国家之间的紧张态势）之后还有自己的家人，他们极力反对共产主义，怀着解放祖国的梦想加入了这支精英部队。 在众多的“洛奇法案”士兵中，有一些比较著

来自第 10 特种部队群的绿色贝雷帽狙击手在调整瞄准镜。

名的人物，比如：保罗·爱德曼中士，一位来自波兰的避难者；斯特凡·马扎克，一位来自捷克的法国外籍兵团老兵，二战中的“马奎斯”（第二次世界大战中的法国游击队）队员；亨利·斯拉克，绰号“法国人”，来自波兰，曾经在4支不同军队中服役；彼得·埃斯特劳斯，二战期间曾服役于罗马尼亚及德国部队；马丁·乌里希，曾参加了二战中规模最大的坦克战——库尔斯克会战；拉里·索恩少校，前芬兰陆军士兵，二战期间曾被授予“曼纳海姆十字勋章”（Mannerheim Cross）。

1952年6月底，第10特种部队群共有122名军官和士兵，其中很多人都曾在二战期间服役于战略服务局(OSS)、游骑兵部队或空降部队。随着第一批参加特种作战课程（Special Forces Course）的学员顺利毕业，第10特种部队群的总人数在接下来的一年里增长到1700人。1953年，东德/柏林危机爆发，第10特种部队群看到了一展身手的机会。该年9月，782名接受了高强度个人和分队训练的第10特种部队群成员被部署到德国，在巴伐利亚州的棱格里斯设立了第10种部队群司令部。其他一些毕业生开赴南朝鲜，组建第8240陆军部队，进行非常规作战行动和训练。另外一些留在北卡罗莱纳州布拉格堡的人员后来则成为了组建第77特种部队群（空降）（1960年重组为第7特种部队群）的核心力量。1953年11月10日，以德国的巴特特尔茨和棱格里斯为界，第10特种部队群被一分为二。此后，巴特特尔茨与部队联系最为密切。

最初的特种部队“阿尔法”作战分遣队（A分遣队或A队）被称为FA队每队由15人组成，负责为最多达1500人的团级规模的游击队提供咨询和支援。FB队（即后来的特种部队“布拉沃”作战分遣队，也被称为B分遣队或B队）负责指挥2支或更多的FA队。FC队（相当于后来的特种部队“查理”作战分遣队，也被称作C分遣队或C队）负责指挥和领导多个FA队和FB队在某个国家进行的游击作战。当部队群在两个或更多国家同时执行任务时，该部队群的司令部，即FD队，负责对整个部队群的指挥和领导。尽管特种部队的编制和装备与常规部队有很大不同，但其清晰的架构（很大程度上取法于战略服务局OG小队）使得部队编制与装备表的首次制定工作容易很多。很多年内，这一最初的组成结构基本都没有什么变化。

1955年，《纽约时报》发表了两篇关于第10特种部队群（空降）的文章，将他们描述为旨在实施敌后战场行动的“解放”力量。第10特种部队群（空降）也因而首次被公众关注。在文章的图片中，特种部队成员头戴着绿色贝雷帽，脸部涂得漆黑以隐藏身份。作为特种部队的标志，绿色贝雷帽于1955年11月17日在德国巴特特尔茨经第10特种部队群指挥官威廉·艾克曼上校批准佩戴。起初，贝雷帽只是队内的着装规范，在1961年10月约翰·肯尼迪总统参观布拉格堡之后，又正式成为特种部队的着装要求。在此之前，陆军部拒绝承认贝

作为“泛撒哈拉计划”（Pan Sahel Initiative）的一部分，第 10 特种部队群第 1 营的绿色贝雷帽队员正在教授马里陆军士兵骑马步兵战术。“泛撒哈拉计划”是美国国务院在北非国家马里、毛里塔尼亚、尼日尔和乍得等国进行的旨在增强边境军事防御能力，以抵御武器走私、毒品贩卖和跨国恐怖活动的地区维稳项目。

2009 年，在阿富汗科威斯特进行的一次战斗行动中，一名戴护目镜的绿色贝雷帽队员。可以清楚地看到悍马车上装载的的 .50 口径 M2 型重机枪和 7.62 毫米口径 M249 SAW 机枪。

雷帽作为特种部队的正式着装的一部分，并禁止佩戴。

1960 年 9 月 30 日，第 10 特种部队群与第 1 特勤部队（1st Special Service Force）和第 2 步兵营（先前的第 2 游骑兵步兵营）下属的部分单位合并，组成一支新单位：第 1 特种部队团第 10 特种部队群。美国陆军计划将其下辖的所有特种部队单位都归到第 1 特种部队团直接管辖，这一变化正是该计划中的一部分。新部队成立以后，部队徽章和其他装饰也随之重新设计并获得批准。在 20 世纪 50 年代，第 10 特种部队群佩戴的绿色贝雷帽上有一个独特的头饰，那是由罗杰·皮瑞拉上尉设计的特洛伊木马图案。在 1962 年之前，它一直是非官方的贝雷帽徽章，之后也仍然是第 10 特种部队群部队着装中的非官方配饰。

合并后的部队番号和徽章都发生了变化，但对于那些在过去十年中的大部分时间都在德国执行任务的特种部队成员来说，这些变化对他们的影响并不大。部队重组后，群指挥官和参谋军官陆续访问了英国、土耳其、法国、挪威、意大利、希腊、伊朗、西班牙等国家。在此期间，与外军特种部队开展共同训练和交流的想法逐渐成型，并受到了队员们的热情响应。不久之后，A 分遣队开始与西欧及中东国家的军队展开定期训练。此外，第 10 特种作战群

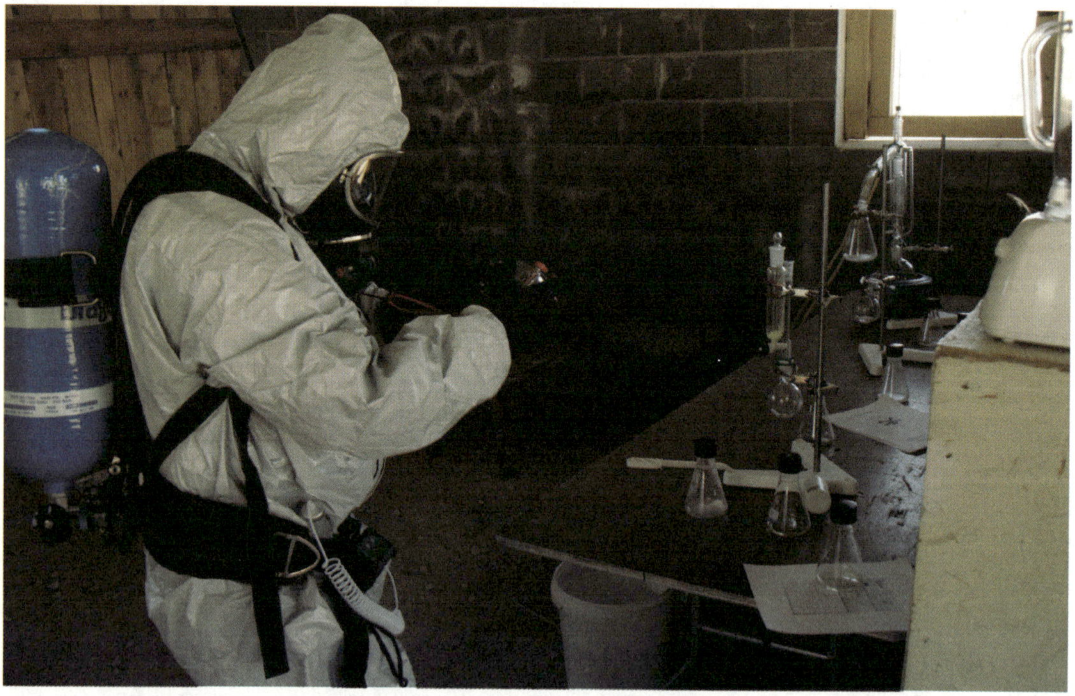

▲ *2008 年 2 月 28 日，在科罗拉多州卡森堡进行训练演习中，一名隶属第 10 特种部队群化学侦察分遣队（Chemical Recon Detachment）的绿色贝雷帽队员正在对一个污染地进行拍照。*

▲ 在一次训练演习中，一名隶属第10特种部队群第4营A连的绿色贝雷帽队员使用无线电通信设备与总部沟通。

也派出队员与来自英国、法国、挪威、德国、希腊、西班牙、意大利、土耳其、巴基斯坦、伊朗、约旦、沙特阿拉伯等国家的精锐部队展开了合作训练，包括空降兵、突击队、游骑兵、狙击手，甚至是民兵和秘密组织。在这种跨文化、跨语言的训练中，A分遣队的队员们不仅学会了如何以当地食物为生，更懂得了如何与东道国军队之间建立并保持友好关系。

在非洲开展行动时，第10特种部队群保持着低调作风，队员们身上常常没有标识，不戴贝雷帽，也没有别的徽章，有时甚至一身便装参加行动。1960年夏天，第10特种部队群指挥官“铁人”迈克·鲍立克上校接到命令，要求该部前往刚果支援撤离任务。此时，刚果正处于从比利时殖民统治中过渡的危险时期。鲍立克上校将任务下达给方丹中尉。方丹中尉出生于比利时，在第二次世界大战期间，他服役于英国特别行动执行处（British Special Operations Executive，简称SOE），曾在德军战线后方空降到法国，并在那里组织游击队作战。战后，他在比利时军队中任职，并随部队前往刚果。鲍立克上校命令方丹中尉组成一支分遣队，并做好行动准备。方丹中尉广招能士，将弗拉德米尔·索比亚切夫斯基（俄罗斯人）、格奥尔格·约斯驰（曾在韩国参与游击战）、波普·格兰特、查尔斯·霍斯金斯（绰号“蛇”，后来被追授“荣誉勋章”）、斯坦分·马扎克（捷克人，一名英勇的前法国外籍军团士兵）等人纳入队伍。多国籍背景的队伍组成既体现了洛奇法案的影响，也体现了第10特种作战群的最初组成方式。

不久之后，在美国大使汀布莱克的请求下，一支小规模部队被派往刚果利奥波德维尔，帮助救助在当地的美国人和欧洲人。这支部队包括三架直升机、三架轻型单引擎飞机、一名空军无线电专家以及来自巴特特尔茨的特种部队分遣队。到达目的地后，他们与汀布莱克大使和比利时伞兵部队指挥官见面，协商、制定了正式的营救计划。根据行动计划，比利时伞兵负责较大的机场，第10特种部队群分遣队则负责在一些较小的机场展开行动。他们的任务是撤离尽可能多的美国人和欧洲人，并将他们安全转移到利奥波德维尔，在那里再进行更大规模的撤离行动。分遣队的飞机在与敌军的交火中受到了一些损伤，不过他们还是圆满完成了营救任务。在抵达后的9天内，分遣队共撤离了239名人员，自身无一人伤亡。

进入20世纪60年代后，随着美国越来越多地卷入越南事务，反暴乱逐渐取代了非常规作战，成为特种部队的任务焦点。此时的第10特种部队群仍主要专注于在欧洲的任务，并没有直接参与美国在东南亚的行动。不过，该群的很多队员后来都在驻东南亚地区的特种部

▲ 2014年3月15日，在空军机组和人员战术营救（Tactical Recovery of Air crew and Personnel）演习中，一名来自第10特种部队群的绿色贝雷帽队员和一名来自第10海军陆战队团2营的联合终端攻击控制员单膝跪下、低头躲避CH-53“超级种马”直升机降落时在地面卷起的碎石和尘土。当模拟被击落的飞行员被转移到直升机上时，由他们负责提供安全警戒。

▲ 2008 年，德国斯图加特训练基地，来自第 10 特种部队群的绿色贝雷帽队员在演练夺控房屋。

队单位中服役，有的是出于自愿，有的则是常规的人员轮换。

这一时期，第 10 特种部队群的分遣队也开始对中东地区的特种作战部队展开训练。在约旦，B 分遣队建立了该地区的第一所空降学校，约旦国王侯赛因也出席观摩了学员们的跳伞毕业仪式。1963 年，一支由埃及总统纳赛尔支持的武装推翻了也门王国的保皇派政府，成立了以艾尔萨罗为领导的新的社会主义政府。这个政府实际上只不过是埃及和苏联的傀儡政权。老国王穆罕默德·巴德尔的儿子逃到山上，并在沙特阿拉伯国王费萨尔的支援下打起了游击战。由陆军少校威廉·辛顿领导的第 10 特种部队群（空降）C 连被部署到沙特阿拉伯，负责对从这支游击队中挑选出来的 350 名军官和士官进行训练。训练内容主要是暴动及反暴动的基础技能。

在 20 世纪 60 年代，第 10 特种部队群的行动范围覆盖欧洲、近东、中东和南亚地区。第 10 特种部队群的一支 B 分遣队和 3 支 A 分遣队开赴伊朗，与伊朗特种部队开展了合作训练。当时，伊朗特种部队实际上只有一个空降营。一支 A 分遣队进入偏远的伊朗山区，训练当地的库尔德族人。迈克·布斯上尉带领的分遣队远赴巴基斯坦的山区和沙漠中，与特战勇士（Special Warfare Warriors）下属的俾路支团共同训练。史蒂夫·斯诺登上尉及其 A 队负责对 350 名土耳其特种部队精英的训练任务，为他们开设了空降资格、特种部队谍报和战斗潜水等特种部队核心科目。

1968 年 9 月，第 10 特种部队群（缺第 1 营）移驻马萨诸塞州德文斯堡，第 1 营作为特种部队欧洲分遣队的一部分依然留在德国进行前沿部署。东南亚战事结束后，特战部队的发展陷入低潮，第 1、第 3、第 6 及第 8 特种部队群被解散，第 10 特种部队群虽然成功保留，但行动部署也几近完全停止。在此期间，第 10 特种部队群继续向欧洲地区部署，通过开展与北大西洋公约（NATO）国家军队的联合训练，以及针对环境技能的单边训练，继续发挥着其训练优势。后来，这些训练部署以及在非洲举办的每年一度“燧发枪训练”（FLINTLOCK Exercise）成为第 10 特种部队群 A 分遣队训练计划的核心内容。当然，这些并非 A 分遣队训练的全部，其它还包括语言技能培训以及在德文斯堡附近的环境训练等。

从 1983 年 5 月 11 日至 1985 年 10 月 25 日，第 10 特种部队群部署了 17 个各自独立的机动训练小队（mobile training team）支援黎巴嫩部队，其主要任务是为黎巴嫩陆军训练中心（Lebanese Army Training Centers）提供指导和协助。在那里，他们和黎巴嫩部队共同协商制定了涵盖 5000 多名军官、士官及士兵的训练计划，并对训练场地做出了安排：位于贝

▲ 进行固定拉绳跳伞训练的第 10 特种部队群士兵从一架 CH-47 “支奴干” 直升机的尾舱纵身跳下。固定拉绳跳伞是绿色贝雷帽队员必须掌握的基本跳伞技能。

▲ 2008 年 12 月 10 日，科罗拉多州卡森堡，来自第 10 特种部队群的绿色贝雷帽队员正准备登上一架科罗拉多州陆军国民警卫队的 CH-47D“支奴干”直升机。他们将在一名荷兰特种部队跳伞专家和一名绿色贝雷帽跳伞专家的共同指挥下，进行空中跳伞训练。该训练的目的是提高陆军特种部队和友军特种部队开展联合空降行动的能力。

鲁特和阿德玛的训练场地主要用于进行基本训练；位于萨夫拉的训练场地用于分队训练；位于瓦塔艾卓兹的训练场地则用于分队联合武力实弹射击训练；位于海夫诸玛伊德的训练场用于城市实弹射击训练。此外，还开展了多种训练任务，其中包括针对士官战术领导者的训练项目、针对 900 余名黎巴嫩义务兵的基础训练、针对黎巴嫩游骑兵及先锋部队的远距离侦察训练，以及针对机械化部队的高级分队训练和维护课程。尽管当时黎巴嫩局势混乱，第 10 特种部队群对黎巴嫩部队开展的训练任务却相当成功。但随着局势的完全恶化，加上叙利亚部队进入黎巴嫩，训练任务不得不提前结束。

1985 年 6 月 2 日，一支隶属于德国巴特特尔茨第 1 营的机动训练小队被部署到索马里，开展为期 4 个月的救灾行动。

1986 年 2 月 3 日，第 2 步兵营 A 连脱离第 1 特种部队团第 10 特种部队群建制，并入第 75 步兵（团）第 2 营营部和营部连，新的单位番号为第 75 游骑兵团第 2 营营部和营部连。

从 1986 年 5 月 8 日至 1986 年 12 月 23 日，第 10 特种部队群第 3 营 C 连对尼日利亚空降部队骨干进行了训练。最先是对伞训教员进行叠伞训练，接着又对空降部队骨干进行选拔和培训。之后，在第10特种部队群队员的监督下，由这些接受过美军训练的骨干再对其余的尼日利亚士兵进行训练。随着训练任务结束，尼日利亚陆军也成立了自己的空降学校。就在空降机动训练小队对尼日利亚空降部队展开训练的同时，另外一支分遣队则负责对另外一些挑选出来的尼日利亚军人进行水上行动、维护、战术及巡逻方面的训练。

在整个20世纪80年代，第10特种部队群中的来自德国及美国本土各营的分遣队与西欧多国部队展开了联合交流训练（Joint Combined Exchange Training，简称JCET），借以互相学习并分享训练技能。其中仅1987年一年间，第10特种部队群的分遣队就与挪威、丹麦、西班牙、意大利、比利时、联邦德国、英国、葡萄牙、加拿大、法国、卢森堡、荷兰、希腊等国家的特种部队进行了共30次的联合交流训练。

1988年秋季，第10特种部队群展开多样化的训练。第3营在白山国家森林进行了为期6周的游击战演练；第2营针对军事职位专业技能18C和18E展开了为期11周的交叉培训；第1营则在巴伐利亚山山脚进行了“阿尔卑斯友谊”实地演练，以进一步夯实战斗技能。在1989至1990年期间，作战分遣队又在挪威、丹麦、法国、加拿大、卢森堡、意大利、西班牙、荷兰及英国等国家进行了多次高度贴近实战的联合演习。

1989年10月，第10特种部队群指挥军士长乔治·莫斯卡及一支高度合成的A作战分遣队向苏联国防部长迪米崔·亚左夫、苏联大使尤里·杜比宁以及一支由30人组成的苏联军官代表团做简要报告。第10特种部队群士兵向苏联代表团简要介绍了A分遣队的组织构成、装备及作战能力。分遣队还在俄罗斯、波兰、捷克斯洛伐克及东德进行了更为详细、完整的报告会。这一举动也得到了地方、东道国以及苏联报纸、电视等媒体的广泛报道。这次访问也标志着，随着冷战消失，第10特种部队群的任务重点发生了重大转变。然而，这个转变却因为后来的中东事件而暂时中断。

1990年至1991年间，为了支援“沙漠盾牌”行动和“沙漠风暴”行动，第10特种部队群也向中东战场派遣了作战分队，并因其在沙特阿拉伯防御战（Defense of Saudi Arabia）以及科威特解放及防御战（Liberation and Defense of Kuwait）这两场战役中的突出表现分别荣获了战役参与长条旗。1990年8月7日，第10特种部队群就得到可能要部署、支援“沙漠盾牌”行动的预先通告。该群的10名军官及士官立即启程，前往加强中央特种作战司令部（Special Operations Command, Central，简称SOCCENT）。在整个任务期间，他们一直留在中央特种作战司令部。同时，6支A分遣队及1支B分遣队立即展开阿拉伯语培训。普莱德·尼科尔斯少校领导的机动训练小队从德文斯堡出发，为沙特阿拉伯国民警卫队提供包括近距空中火力和远程炮火支援在内的联合武力实弹射击训练。在1990年11月的哈夫吉战斗中，机动训练小队的成员随同沙特阿拉伯国家警备队（SANG）一起战斗，出色完成了协调部队调动、呼唤空中打击和炮火支援等多项任务。

1991年1月13日，第10特种部队群指挥官威廉·谭格尼上校作出部署，命令一支特战力量前往土耳其东南部，其中包括：特种部队行动基地（轻型）、101前线行动基地（第10特种部队群第1营）、102前线行动基地（第10特种部队群第2营），每个行动基地配属一支B分遣队。这项部署十分机密，就连基地的宣传人员也是直到第10特种部队群从“沙漠风暴”行动返回时才知道这项战斗部署。其间，第10特种部队群从土耳其境内出发，参加了“模糊概念”行动，并做好从北面展开特种作战行动的准备。此外，一支来自第1营的小队还深入伊拉克境内开展人员救援任务。

1991年1月30日，第3营A连的1支B分遣队和6支A分遣队在连指挥官约翰·斯坦利少校的率领下，部署至沙特阿拉伯。在地面战斗中，他的B分遣队为第7军提供直接支援。由于联军指挥部接到美国国防情报局（Defense Intelligence Agency）的警告，称该地地形不适合卡车运动，这将导致后勤补给无法跟上装甲部队的

▲ 2008年12月10日，科罗拉多州卡森堡，隶属科罗拉多州国民警卫队第135航空团第2营的飞行工程师埃德温·汤普森正从一架CH-47D“支奴干”直升机的尾舱门往下看，寻找指定的降落区域，为即将开始的第10特种部队群和荷兰特种部队进行的联合空降训练做准备。

运动。于是，按照施瓦茨科普夫将军的命令，特种部队小组负责为第7军的供给列车勘察路线，甚至收集土壤样本。第3营A连也因此成为第一支以特种作战指挥和控制部队（SOCCE）的角色为后勤单位提供支援的B分遣队。

“沙漠风暴”行动大大削弱了萨达姆·侯赛因领导的伊拉克政府的实力，伊拉克北部的库尔德人和其他派别趁机起来反抗，争取自身的独立。萨达姆·侯赛因派出了军队，严厉打击库尔德武装。库尔德人无法自保，被迫撤离村庄，退入土耳其与伊拉克边境的山区。在那里，他们仍然遭受着伊拉克部队的威胁。仅仅用了不到一个月的时间，第10特种部队群就完成重新部署，返回土耳其。1991年4月8日，驻地位于巴特特尔茨的第1营抵达土耳其东南部与伊拉克北部，参加对超过五十万的库尔德难民提供人道主义救援的“提供舒适”行动。紧接着，第2营和第3营也分别于4月13日、21日加入到救援行列。这次部署十分成功，也是整支战斗群第一次因美国欧洲司令部的应急任务而进行部署。在关键的前三周里，第10特种部队群指导并执行了全部的地面救援和安全保障任务。由于其出色的表现，欧洲司令部司令官加尔文将军赞赏说他们“挽救了濒临灭绝的50万库尔德人”。第10特种部队

▲ 来自第10特种部队群的绿色贝雷帽队员从CH-47D“支奴干”直升机的尾舱门跳出。这架“支奴干”隶属于科罗拉多州陆军国民警卫队第135航空团第2营。

▲ 1月22日，科罗拉多州泰勒公园，来自卡森堡的第10特种部队群第3营的绿色贝雷帽队员正在进行最后阶段的演习。他们在冈尼森国家森林呆了两天的时间，练习小队雪地机动技能。

群对“提供舒适”行动的支援一直持续到1991年5月。

1991年7月，第10特种部队群（空降）第1营从巴特特尔茨移驻位于德国斯图加特附近的伯布林根装甲兵营。

1992年夏天，非洲索马里地区的形势迅速恶化，第10特种作战群（空降）的任务重点也暂时由东欧改到索马里。在“重建希望”行动初期的1992年12月15日到1993年1月5日，为了支援第1比利时突击队营，第10特种部队群部署了一支联盟支援小队（Coalition Support Team）前往索马里。在基斯马尤，联盟支援小队的部分成员与美国海军陆战队以及比利时突击队营的一个连一起实施了两栖攻击行动。与此同时，联盟支援小队的其他成员与突击队营的剩余人员由9架C-130运输机运输，从比利时飞到基斯马尤。这支联盟支援小队的队员中只有一个人不会讲法语。他们与比利时部队进行了联合巡逻，为美国第10山地师的派遣部队提供战场情报，并为与索马里领导人会面提供安全保护。

从索马里返回后，第10特种部队群的注意力重新转向东欧。1993年年初，第10特种部队群开始广泛参与到东欧的军事交流项目中来。1993 年 2 月 10 日，第 10 特种部队群首次向位于德国帕奇兵营的军事总部派出了特种部队联络官。鲍勃·布雷迪少校竭力说服美国驻欧洲司令部（EUCOM）相信第 10 特种部队群可以像当初有效阻止苏联侵略西欧一样，协助新欧洲的民主化和稳定进程。在他的努力下，第 10 特种部队群的士兵得以在与东欧和前苏联国家的军队展开交流和合作的进程中占据一席之地，并发挥重要作用。第 2 营也派出三级军士长里奇·戈拉，担任美国陆军驻阿尔巴尼亚军方代表。他也是第一位在阿尔巴尼亚工作的美国陆军士官。里奇·戈拉的工作非常出色，以至于在美国海军代表离开阿尔巴尼亚时，阿尔巴尼亚海军曾邀请他同时担任陆军和海军代表。1993 年秋天，第 10 特种部队群的杰克·詹森上尉和派尔默三级军士长被派遣到波兰，与波兰陆军开展首次联合空降训练，并获得了由波兰第 6 空降旅指挥官颁发的波兰跳伞奖章（Polish Jump Wings）。在 1993 年至 1994 年间，第 10 特种部队群的任务量稳步增长，总计对 17 个国家的 11 支附属队和 10 支军事联络小组开展了支援任务。这些国家包括：阿尔巴尼亚、白俄罗斯、保加利亚、克罗地亚、捷克共和国、爱沙尼亚、匈牙利、哈萨克斯坦、拉脱维亚、立陶宛、马其顿、波兰、罗马尼亚、俄罗斯、斯洛伐克、斯洛文尼亚、乌克兰。到 1994 年底，第 10 特种部队群已经在东欧和前苏联

▲ 2010 年 1 月 22 日，在冈尼森国家森林进行的为期 5 天的寒区训练课程最后阶段的演练中，来自第 10 特种部队群第 3 营 A 连的绿色贝雷帽队员使用滑雪板和雪橇进行机动。

▲ 在卡森堡附近的冬季训练中，一名来自第 10 特种部队群第 3 营 A 连的绿色贝雷帽队员正在练习以滑雪杆为支撑进行射击。此外，他们还要学习穿着滑雪鞋和滑雪板在运动中向目标射击。

地区开展了总计超过 35 项任务。

为了减轻并控制卢旺达种族冲突引起的战乱，美国陆军展开了“提供希望”行动。在参与这次非洲行动的过程中，第 10 特种部队群再次展示了其多样化任务能力。在欧洲司令部的指挥下，第 10 特种部队群在几天之内就在乌干达恩德培机场组成联合特种作战特遣部队。与此同时，第 2 营 B 连、第 3 营及战斗群总部也已做好部署准备。为了响应特种部队群的作战任务（MITASK），时任第 10 特种部队群指挥官的弗兰克·托尼上校下令部署一支先头部队以配合形势的进一步发展，并批准了如果情势需要，在一周之内做出主体部署的临时计划。先头部队抵达恩德培机场，却发现跑道和停机坪只能处置有限的交通量，宿营地也只能容纳 1000 人左右。但这些问题都没能影响到行动的最终出色完成。

在“维护民主”行动中，特种部队以小队为单位行动，成功完成了占领海地的任务。被部署到波兰的 ODA062 分遣队也与波兰特种部队一起展开联合行动，为“维护民主”行动提供支援。在这次行动部署中，奥的斯·麦格雷戈上尉和约翰·多诺万参谋军士成功营救了几名海地公民的性命，并因此获得波兰的“英勇十字”勋章。该奖项由波兰内政部部长在华沙颁发。随后，ODA 045 分遣队、ODA 046 分遣队、ODA 066 分遣队与荷兰海军陆战队一起完成了类似的任务。其他第 10 特种部队群的士兵也在此次行动中为各类指挥部提供了增援。

1994 年末，第 10 特种部队群在东欧的部署和行动呈现出了新的局面，其中包括首次与前共产主义国家之间展开的联合交流训练（JCET）。1994 年 8 月，ODA 093 分遣队在斯洛伐克开展训练。1994 年 9 月，ODA 076 分遣队部署到了阿尔巴尼亚。同时，第 10 特种部队群接待了参加“熟悉之旅”（Familiarization Tour，简称 FAM）项目来访的东欧官员代表团。到 1995 年年初，乌克兰国防部长，以及斯洛伐克、立陶宛、波兰、拉脱维亚、罗马尼亚、保加利亚的军方领导人都对第 10 特种部队群进行了访问。1995 年，ODA 095 分遣队与匈牙利军队进行了搜索 / 营救联合交流训练。此外，ODA 051 分遣队响应美国驻立陶宛大使的请求，与立陶宛军方开展了联合维和军事演练。在波兰，第 10 特种部队群第 2 营 C 连与波兰第四机械化师、美国第 1 装甲师，共同进行了“和平伙伴关系——双鹰”演练。同年，第 2 营被部署到位于路易斯安那州波克堡的联合战备训练中心，开展了“和平伙伴关系——合作情报”演练，这也是这一年中成果最为显著的交流训练活动。在第 3 营的加强下，第 2 营为 14 支来自东欧前华沙条约组织及苏联的排连级分队提供了联络小组。第 10 特种部队群

▲ 来自卡森堡的第 10 特种部队群第 3 营 A 连的士兵正在进行寒区射击训练。该训练是为期 5 天的寒区战术和生存训练的一部分。

▲ 进行寒区训练的第 10 特种部队群第 4 营的山地小队队员呈一字队形穿过积雪覆盖的树林。山地小队队员必须在位于科罗拉多州的特种部队高级山地作战学校（Special Forces Advanced Mountain Operations School）接受寒区山地作战训练。

在“和平行动”中提供了宝贵建议，开展了优质培训，保证了专业水准，为常规部队指挥部——第 2 装甲骑兵团提供了至关重要的帮助。

在同一时期，为了支援 “提供舒适” 2 号行动，第 10 特种部队群下属分队继续在伊拉克北部执行任务。此外，他们也参与了北约在前南斯拉夫地区支援联合国部队的“提供承诺”行动。1994 年 4 月 14 日，第 10 特种部队群损失了 2 名军官。当时，第 2 营 A 连的参谋军士瑞奇・罗宾逊和参谋军士保罗・巴克乘坐的一架 UH-60“黑鹰”直升机被友军火力意外误伤，直升机坠毁在伊拉克北部，二人不幸牺牲。

在伊拉克北部，在建立了自己的工作场所，并且与里奇・米尔斯中校指挥的第 3 特种部队群（空降）建立联系后，第 10 特种部队群规划小组开始分析如何开展帮助流离失所者回家的任务。这其中就包括在那些荒无人烟的地区水站分布的设计，这些分布设计既要能保证人们的健康需要，又要保证能够使人们不得不继续前行，而不是在原地驻扎下来。此外，当驻基加利大使馆遭到威胁时，第 10 特种部队群的两名士官被派往保护大使馆安全。这两名士兵在确保使馆安全的任务中发挥了重要的作用，而且是任务中的核心人物。几个星期后，对这些流离失所的难民的救助工作开始步入正轨，第 10 特种部队群又开始了新的部署。

1994 年和 1995 年期间，第 10 特种部队群准备从马萨诸塞州德文斯堡搬到科罗拉多州卡森堡。导致搬迁的部分原因是德文斯堡的关闭，这也是基地重组与关闭（Base Realignment and Closure，简称 BRAC）计划的一部分。1994 年 9 月 1 日，第 2 营在卡森堡亮相。1995 年 7 月 20 日，第 3 营也来到了卡森堡。1995 年 9 月 15 日，第 10 特种部队群在卡森堡正式亮相，标志着该部队在马萨诸塞州的 27 年驻扎历史结束。1995 年秋，第 10 特种部队群在其新家卡森堡积极展开了训练。在两个月内，该部队群曾两次将第 2 营部署到联合战备训练中心（JRTC），以协助陆军测试精密装备，并研究信息时代战争概念，这也是“21 世纪部队”陆军作战试验（Force XXI Army Warfighting Experiment）的一部分。随着第 3 营部署到联合战备训练中心，第 2 营的使命也圆满结束。第 2 营在德国重开了战斗机动训练中心（Combat Maneuver Training Center，简称 CMTC），为美国陆军第 3 机械化步兵师提供了 1 支特种作战指挥控制单元（SOCCE）和 2 支特种部队 A 作战分遣队（ODA）。

1995 年 8 月 30 日至 9 月 2 日，第 10 特种部队群第 1 营下属的 ODA024 作战分遣队在道格拉斯·麦克威上尉的率领下，乘坐一架 MH-53 直升机，从意大利圣维托空军基地出发

2012 年 10 月 9 日，科罗拉多州卡森堡，来自第 10 特种部队群的绿色贝雷帽队员对来自 1914 作战支援部队（Operational Support Unit 1914）的美国海军预备役人员进行战斗技能训练。

前往波黑，开展对被塞尔维亚防空炮火击落的法国飞行员的搜救行动。在搜救过程中，搜救小组多次遭到敌军炮火攻击，导致两名美国空军人员负伤。虽然这次搜救行动并未定位到飞行员位置，但是特战队员的努力展示出了北约组织的搜救决心。随着《岱顿协定》的签订，飞行员也通过外交努力成功得以解救。

1995 年 12 月 8 日，作为 “联合努力”行动的一部分，第 10 特种部队群总部的先头分队被部署到波黑，成为美国进入该国的首支作战力量。第 10 特种部队群与欧洲快速反应部队司令部一起，成为多国联合特种作战特遣部队（CJSOTF）的一部分。这支联合部队由来自英国、法国、意大利、荷兰、美国的特种部队共同组成。联合特种作战特遣部队（CJSOTF）是特种行动指挥部执行部队（SOCIFOR）的地面部队，由欧洲特种作战司令部 (SOCEUR) 领导，以对“联合努力”行动提供支援。该行动也是首次由北约组织主导的维和行动。第 10 特种部队群第 1 营作为 CJSOTF 下辖的前线行动基地，为第 1、第 5、第 10 特种部队群的各连及 A 作战分遣队下达指挥和命令。

第 10 特种部队群第 3 营负责运行 ISOFAC，驻地位于意大利的圣维托，该地同时也是欧洲特种作战司令部(SOCEUR)的驻地。之后，又纳入了特种行动指挥部执行部队供应中心，以及一处位于废弃保龄球馆的射击场。联络协调小组（Liaison Coordination Elements）是配属有空军特种作战人员的特种部队小组，配属给联合国部队，以及来自俄罗斯、巴基斯坦、乌克兰、捷克、匈牙利、罗马尼亚、马来西亚、埃及和土耳其的部队。在行动开始之前关键的几周时间内，特种部队小组为隶属北约的欧洲快速反应部队（ARRC）指挥部及其下属部队之间提供了重要的通信和情报联系。在此期间，特战部队连连部与多个国家派来的步兵师或装甲师部队的指挥部并肩工作：第 10 特种部队群第 3 营 C 连安置在英国第 3 师；第 10 特种部队群第 1 营 A 连安置在法国第 6 步兵师；第 10 特种部队群第 1 营 B 连安置在美国第 1 装甲师。这些部署发挥了重要的作用。

为了支援北约执行部队在波斯尼亚 – 黑塞哥维那的行动，美国陆军、海军、空军的特种部队执行了不计其数的任务。这些任务包括空中支援行动、救援行动，以及侦察和联络任务。1995 年 12 月中旬，美国陆军特种作战司令部（Army's Special Operations Command）将近 700 名成员部署到波斯尼亚，并在整个巴尔干地区开展行动。这其中包括超过 100 名在“绿色贝雷帽”特种部队、民事及心理战部队任职的预备役人员。在该地区的陆军特种作战部队单位包括：来自华盛顿州路易斯堡的第 1 特种部队群、来自肯塔基州坎贝尔堡的第 5 特种部队群、来自科罗拉多州卡森堡的第 10 特种部队群，以及来自阿拉巴马州伯明翰的陆军国民警卫队第 20 特种部队群。此外，驻地位于布拉格堡的第 4 心理战营、第 96 民事营、第 112 和第 528 特种作战信号营也向波斯尼亚派出了部分兵力。特种作战人员在北约部队和当地部

1997 年 5 月 16 日，在科罗拉多州卡森堡进行的“山蜂 97”（Exercise Mountain Bee）演习期间，来自第 10 特种部队群第 3 营的一级军士杰夫·凯尔斯（右）正指导隶属海军第 17 机动建设营（Mobile Construction Battalion）的“海蜂”、三级海军军士杰夫·皮特（中间）和约翰·吉克伍德（左）迫击炮射击技巧。“山蜂 97”演习为这些“海蜂”们提供有关武器使用、医疗疏散、通讯、后勤和其它与战斗相关科目的实地训练。

队之间担任着联络员的角色。其他一些可能的任务也包括：非常规作战、外国内部防御、特种侦察、反恐行动、人道主义及民事行动等。

1996 年春天，已经在很大程度上从波斯尼亚任务中脱身的第 1 营得到命令，作为欧洲特种作战司令部联合特遣队的一部分，他们将前往克罗地亚，对在一次飞机事故中失踪的乘客进行搜救。遇难者中包括美国商务部部长布朗。第 10 特种部队群第 1 营的队员们克服路障及恶劣天气的影响，快速且专业地完成对失踪人员的搜救任务。

在利比里亚的和平谈判破裂之后，第 10 特种部队群第 1 营再次接到欧洲特种作战司令部的紧急部署命令，要求其前往这个战火肆虐的非洲国家，将处于危险之中的美国人及其他指定国籍的公民解救、撤离出来。鉴于利比里亚的首都蒙罗维亚及其大部分乡村地区处于混乱之中，第 1 营和欧洲特种作战司令部在邻国塞拉利昂建立了一个中转基地，在 10 天之内完成了对 2000 人的安全撤离任务。1996 年 4 月 18 日，在成功完成大部分的救援撤离任务后，第 10 特种部队群第 1 营与海军陆战队特遣队共同在当地进行了救援工作，并于任务完成后返回原驻基地。

1996 年 12 月，由英国领导的 “联合努力”行动逐步过渡为美国领导下的“联合保卫”

行动。相应的， 联合特种作战特遣队（CJSOTF）也划归美国指挥。由于第 10 特种部队群接手了联合任务观察队（Joint Commissioned Observer ，简称 JCO）的和平监测任务，所以无论是在联合特种作战特遣队或前沿行动基地（FOB）的指挥部中，还是直接参与行动的单位中，第 10 特种部队群都得到了更多的参与机会。

1997 和 1998 年期间，第 10 特种部队群与捷克、爱沙尼亚、匈牙利、拉脱维亚、立陶宛、马其顿等国军队共同开展了多次联合交流训练（JCET），还向斯洛伐克和拉脱维亚派遣了机动训练小组，向爱沙尼亚、格鲁吉亚、拉脱维亚、立陶宛、马其顿和乌克兰派遣了行程联络组（TCT）以及 FAM。在波克堡举行的“合作掘金 97”演练期间，第 10 特种部队群为超过 20 个国家的部队提供联合支援小组。这也是演习取得圆满成功的重要因素。

1998 年 8 月，随着“联合保卫”行动更名为“联合前进”行动，第 10 特种部队群在波斯尼亚 – 黑塞哥维那正在进行的联合任务观察队（JCO）任务的部署也从营级规模降到稍大于连级的规模。第 2 营对来自英国、荷兰、法国和意大利的特种作战小组进行了训练，使其能顺利接替在北约领导的维和部队（SFOR）西南区和东南区的联合任务观察队（JCO）任务。1998 年 8 月 18 日，第 2 营正式停止了前沿行动基地（FOB）行动 。

1999 年冬天，巴尔干地区形势更加紧张，即将生效的“布尔奇科仲裁决定”决定着这座波斯尼亚北部城市的未来；在塞尔维亚的科索沃省，阿尔巴尼亚种族准军事部队与塞尔维亚部队及警察之间的战火不断升级。1999 年 2 月至 3 月期间，在维和部队（SFOR）北区以及北部多民族地区（MND–N），第 2 营 C 连的士兵卷入了多次敌对事件。1999 年，为了将注意力专注于科索沃境内正在进行的战斗任务，第 10 特种部队群将其在波斯尼亚的任务移交给了第 3 特种部队群。

1999 年 3 月，第 1 营被再次部署到意大利圣维托，以组建 101 前沿行动基地，并动用所有下辖连队的兵力，为进行“联盟力量”行动的“高贵铁砧”联合特种作战特遣部队以及由北约领导的对塞尔维亚发动的空袭进行支援。在此期间，第 10 特种部队群第 1 营参与了许多重要的行动，包括在敌人后方对两名被击落的北约飞行员进行救援。随着局势的发展，第 10 特种部队群的分遣队也跟随北约地面部队一起进入了科索沃。

2001 年“9・11”恐怖袭击事件之后，第 10 特种部队群被部署到阿富汗，为“持久自由”行动提供支援。2003 年 3 月 10 日，“伊拉克自由”行动开始，第 10 特种部队群又接到支援任务。第 10 特种部队群和中央情报局特殊行动部（SOG）的官员一起，成为在地面行动之前最先进入伊拉克的美国人员。在那里，第 10 特种部队群组织库尔德准军事部队，打击并击败了伊斯兰安萨尔组织——一支与基地组织结盟的恐怖组织。这次战斗的地点位于伊拉克的东北部，那里是伊斯兰安萨尔组织控制下的关键地带。库尔德武装在第 10 特种部队群成员的协助指挥下，彻底击败了恐怖分子，并发现了一座位于萨迦特的化学武器生产工厂，这也是在伊拉克战争中发现的唯一一座化学武器工厂。尽管伊斯兰安萨尔组织的几个重要领导人物侥幸逃脱，潜入伊朗，这次战役对基地组织和伊斯兰安萨尔组织来说仍然是一次重大的打击，并成为越战结束以来陆军特种部队所参加的最重要的一次战役。由于在这次行动中的突出表现，第 10 特种部队群被授予 3 枚“银星勋章”和 6 枚“铜星勋章”。

随后，第 10 特种部队群和常规陆军分遣队一起组成了北方联合特种作战特遣队（Combined Joint Special Operations Task Force – North，简称 CJSOTF–N，又称为“维京特遣队”），组织并带领库尔德准军事部队对抗北方的萨达姆部队。在军事分界线（也称“绿线”）区域的一系列战斗中，库尔德部队在美方的领导下，成功阻止了大量萨达姆的部队，其中包括被部署到巴格达以与从南部开进的盟军部队进行对抗的 13 个装甲师。在第 10 特种部队群的协助下，库尔德武装重新夺回并控制了摩苏尔、克库克和提克里特等伊拉克重镇。

到 2005 年，第 10 特种部队群的构成中包括一个群司令部、3 个营以及若干支援单位。其中第 1 营实行前沿部署，驻地位于德国斯图加特附近的装甲兵营。包括司令部和司令部连、支援连、第 2 营和第 3 营在内的其它部队的总计超过 1100 名士兵则驻在科罗拉多州的卡森堡。2005 年 10 月 1 日，第 10 特战部队群被重新命名为第 1 特种部队团第 10 特种部队群。

2006 年，第 10 特种部队群增加了一个支援连。2010 年 8 月 19 日，第 10 特种部队群（空降）第 4 营在科罗拉多州卡森堡曼哈特训练场举行了成立仪式。到 2011 年，该营人员扩展到预定计划人数，约有超过 400 名士兵。

随着 2008 年美国非洲司令部（AFRICOM）及其特种作战部分——非洲特种作战司令部（Special Operations Command Africa，简称 SOCAFRICA）的相继成立，第 10 特种部队群开始在这些新的组织架构下继续开展联合交流训练、外国内部防御以及反恐行动。这些行动隶属于跨撒哈拉“持久自由”行动（Operation Enduring Freedom – Trans Sahara）的一部分，包括对塞内加尔、马里和毛里塔尼亚军事力量的训练任务。在此之前的 2006 年，第 10 特种部队群第 1 营、第 3 营就和隶属美国空军的第 352 特种作战群一起对塞内加尔军队进行了训练。

著名成员

陆军上校艾伦·班克 ——“陆军特种部队之父”、第10特种部队群第一任指挥官。

陆军少校拉里·索恩——前芬兰士兵，曾参加过芬兰与苏联之间爆发的“冬季战争”，二战结束后移民美国，在《洛奇－菲尔宾法案》（Lodge-Philbin Act）后加入美军。为了表示对拉里·索恩的尊敬和纪念，第10特种部队群每年都会向评出的最佳A作战分遣队授予“拉里·索恩奖”（Larry Thorne Award）。在1962年美国陆军出品的纪录片《军风雄威》（The Big Picture）中，拉里·索恩以第10特种部队群中校的身份在影片中出现。

军士长加里·高登——曾服役于三角洲特种部队（Delta Force），在摩加迪沙战役中英勇战斗牺牲，被追授“荣誉勋章”。

莱斯特·科尔曼——因1986年4月参与“埃尔多拉多峡谷”（Operation El Dorado Canyon）行动，荣获“国防情报局局长优秀奖”（Defense Intelligence Agency Director's Award of Merit）。

2007年10月7日，时任国防部长唐纳德·H·拉姆斯菲尔德到访位于科罗拉多州卡森堡的第10特种部队群，参观了该部队使用的通讯设备。随后，他将去科泉市参加于10月8日至10月9日召开的2003年北大西洋公约组织（NATO）非正式国防部长会议。

2009 年 5 月 7 日，在前往第 10 特种部队群总部的路上，群指挥官达西·罗杰斯上校（右）和来访的美国陆军参谋长小乔治·W·凯西上将进行交谈。

第 8 特种部队群

美国陆军第 8 特种部队群（空降）于 1963 年成立于巴拿马运河区古利克堡。第 8 特种部队群的主要任务是对拉丁美洲国家军队进行反暴乱训练。其中一些训练是在美洲学校（School of the Americas）的赞助下进行的。该学校也位于古利克堡，后来改称为“西半球安全合作研究所”。

部队概况

1962 年 5 月，第 7 特种部队群 D 连派出的先遣队从北卡罗莱纳州的布拉格堡出发，前往巴拿马古利克堡，以组建第 8 特种部队群。三个月后，即 1962 年 8 月，在第 7 特种部队群 D 连指挥官梅尔文 · J · 索厄德兹陆军少校的率领下，D 连主力也抵达运河区。随后，多支加强分遣队也加入进来。分遣队到达后，特别行动队（Special Action Force，简称 SAF）的基本组织架构建立起来了，由索耶中校担任行动队指挥官。1963 年 1 月 18 日，绰名“公牛”、大名鼎鼎的亚瑟 · 西蒙斯中校担任第 7 特种部队群 D 连指挥官，索耶中校任执行官。1963 年 4 月 12 日，经由陆军部批准，西蒙斯中校指挥下的第 7 特种部队群特别行动队正式脱离原部队，第 8 特种部队群随之成立。

第 8 特种部队群的全称是“拉丁美洲特别行动队”（Special Action Force, Latin America）第 8 特种部队群（空降）。它是美国陆军中唯一一支齐装满员的特别行动队，除了两支特种部队连以外，还包括一支军事情报分遣队、一支医疗分遣队、一支军事警察分遣队、一支工兵分遣队、一支陆军安全署分遣队和一支心理作战营。

当时，陆军特种部队中还没有“营”的编制。特种部队连（后来扩编为特种部队营）由一名中校指挥，编为“C”队。第 8 特别行动队下辖 2 支“C”队，每支“C”队包括 3 支“B”队，每支“B”队包括 5 支“A”队。此外，第 8 特别行动队还为美国陆军南方司令部（US Army Southern Command，简称 USARSO）开办了士官学院（NCO Academy）、空降学校（Airborne School）和水下行动学校（Underwater Operations School）。他们也为位于谢尔曼堡（Fort Sherman）的丛林作战学校（Jungle Warfare School）提供支持，该学校后更名为“丛林行动训练中心”（Jungle Operations Training Center）。

第 8 特种部队群 A 连的任务是训练并维持一支高跳低开（High Altitude Low Opening，简称 HALO）跳伞队——A-13 分遣队。该分遣队通常从超过 30000 英尺的高空实施军事自由落体跳伞，隐蔽进入敌对或不明情况地区执行秘密任务。他们在位于巴拿马里约 · 哈托的一个废弃空降场进行训练，并于 1970 年在运河区科比堡及霍华德空军基地成立了北卡罗莱纳州布拉格堡以外的第一所高跳低开跳伞学校。除了训练之外，跳伞学校还有一项名为“跳伞大使”（Jumping Ambassadors）的亲善任务，即在整个拉丁美洲的嘉年华会、节日盛会或其他公共活动中进行跳伞表演。

著名行动

一支隶属于第 8 特种部队群的机动训练小队（Mobile Training Team，简称 MTT）曾对玻利维亚游骑兵营进行训练和指导。该游骑兵营在 1967 年秋天俘获并杀死了著名的游击战专家切·格瓦拉。在此之前，第 8 特种部队群的机动训练小队对委内瑞拉、哥伦比亚、厄瓜多尔的反叛乱部队进行过训练。这些部队杀害了切·格瓦拉最好的三位朋友，他们都是接受切·格瓦拉的派遣前往这三个国家煽动革命的。

1962 年至 1970 年期间，机动训练小队（MTT）被派往阿根廷，为阿根廷军队提供无后坐力炮射击、道路建设及维护、后勤支持以及英语语言技能方面的训练。第 8 特种部队群的机动训练小队还曾协助委内瑞拉陆军建立跳伞学校，并训练出第一批学员和骨干。在位于运河区的谢尔曼堡美国陆军空降学校（U.S. Army Airborne School），来自第 8 特种部队群的一支小队对危地马拉空降学员进行了训练。

部队撤销与重组

罗伯特·J·平克顿（绰号“巴比·乔”）上校是第 8 特种部队群的最后一任指挥官，于 1971 年 8 月 20 日上任，直到 1972 年 6 月 30 日部队被撤销。他从越南直接赶赴巴拿马，肩负遣散拉丁美洲第 8 特别行动队和第 8 特种部队群（空降）的任务。第 8 特种部队群番号撤销之后，他出任安全援助部队（Security Assistance Force）指挥官，同时担任大西洋卫戍部队（Atlantic Garrison）指挥官。1972 年 6 月 30 日，担任第 8 特种部队群（空降）A 连指挥官的汤姆·欧文斯中校成为第 7 特种部队群（空降）第 3 营的首任指挥官。他致力于继承与发扬第 8 特种部队群前辈的光荣传统，为后继的指挥官们树立了标杆。

第 8 特种部队群于 1972 被撤销的原因之一就是当时美国急于从越南战争中脱身，并大规模缩编和削减军事力量。因为越南战争而迅速发展起来的各特种部队自然是首当其冲。但与此同时，幸运得到保留的特种部队也进行了重组，特种部队营成为部队的基本编制。原第 8 特种作部队群下属的人员就全部成为新成立的第 7 特种部队群第 3 营的组建班底。

重组后的第 7 特种部队群第 3 营下辖 3 支特种部队连和 1 支负责提供支援的营部连。每支特种部队连包括 1 支“B”队和 5 支“A”队；营部连包括若干支分遣队，其中有一支装具(rigger)分遣队。

在三支特种部队连中，A–5（A 连）是空降学校小队（Airborne School Team）；A–10（B 连）是高跳低开小队（HALO Team），担任“跳伞大使”；A–15（C 连）则是水肺潜水小队（SCUBA Team）。

第 11 特种部队群

第 11 特种部队群（空降）隶属于陆军预备役部队。作为美国陆军特种部队重组计划的一部分，该部于 1995 年 9 月 15 日被解散。

陆军预备役第 11 特种部队群（空降）附属于驻地位于马里兰州米德堡（Fort Meade）的第 97 陆军预备役司令部（97th Army Reserve Command）。在 20 世纪 60 年代后期的几年间，纽约史泰登岛的米勒场（Miller Field）一直是第 11 特种部队群总部的所在地。

第 12 特种部队群

第 12 特种部队群（空降）隶属于陆军预备役部队。作为美国陆军特种部队重组计划的一部分，该部于 1995 年 9 月 15 日被解散。

第 12 特种部队群（空降）的前身可以追溯到 1942 年 7 月 5 日组建的第 1 特勤部队第 1 团第 2 营第 6 连。1945 年 1 月 6 日，该连在法国被遣散。1960 年 4 月 15 日，该连在常规陆军中重建，并与第 2 步兵营 C 连合并，新部队番号为第 1 特种部队第 12 特种部队群总部和总部连。1961 年 3 月 24 日，第 12 特种部队群在伊利诺伊州芝加哥市正式成立。1964 年 1 月 19 日，司令部迁至伊利诺伊州橡树园。1969 年 12 月 14 日，该部退出现役，加入陆军预备役。1970 年 9 月 1 日，总部再次搬迁至伊利诺伊州阿灵顿高地。

作为一支预备役特种部队群，第 12 特种部队群和现役特种部队群之间也经常进行交流，以保持和提高自身的技能。1981 年，来自布拉格堡的第 7 特种部队群第 1 营的 85 名“绿色贝雷帽”士兵，从三架美国空军 C–130“大力神”飞机上跳下，伞降在麦考伊堡（Fort McCoy）。在那里，他们向隶属第 12 特种部队群的预备役队员们传授经验，协助他们进行训练，并对其表现进行评估。

1995 年 9 月 15 日，第 12 特种部队群与第 11 特种部队群一起被撤销。随着部队被解散，第 12 特种部队群的许多成员转移到陆军国民警卫队第 20 特种部队群。

第 19 特种部队群

第 19 特种部队群是美国陆军国民警卫队下辖的两支特种部队群之一。司令部设在犹他州德雷珀，在华盛顿州、弗吉尼亚州、俄亥俄州、罗得岛州、科罗拉多州、加利福尼亚州和得克萨斯州均设有分遣队。和陆军现役特种部队群一样，陆军国民警卫队特种部队群的任务也是策划、实施和支援在各种环境下的特种作战行动。这些行动有些是独立进行，有些则是与常规部队或其它特种部队协调和合作进行。第 19 特种部队群负责支持美国中央司令部和太平洋司令部的行动，其责任区域包括西南亚和太平洋地区，前者是与第 5 特种部队群共同负责，后者则是与第 1 特种部队群共同负责。

1961 年 5 月 1 日，第 19 特种部队群在犹他州的盐湖城组建。成立之初，其成员一直在本宁堡接受跳伞训练，直到 20 世纪 70 年代中期。此后，为了保证跳伞训练的高质量，并为第 19 特种部队群和其它驻地位于美国西部的部队提供一种性价比更高的跳伞训练课程，美国陆军挑选了一处位于蒙大拿州米苏拉空中火力基地（Aerial Fire Depot）的伞降场作为新的跳伞训练地点。1978 年 5 月，第一批学员顺利毕业。但这项试验的持续时间很短。现在，

2008 年 11 月 1 日，在半场休息时间举行的仪式上，来自犹他州阿基斯橄榄球队的前锋队员迈克尔·格林立正站好。迈克尔·格林隶属于犹他州国民警卫队第 19 特种部队群，因为在阿富汗战场的出色表现获颁“杰出服务奖章”（Meritorious Service Medal）。

在一次战斗搜索和救援演习中，一名隶属第 19 特种部队群的绿色贝雷帽队员从“黑鹰”直升机的舱门口俯瞰下面的沙漠地表。

第 19 特种部队群和陆军现役特种部队群以及其它部队的伞兵一起，都在佐治亚州的本宁堡进行空降训练。这个总部设在犹他州的特种部队群，每年吸引了来自全国几十个州的年轻人前来报名，他们在经受了严格训练之后，又被部署到位于世界各地的不同地方去执行特种作战任务。作为陆军特种部队的成员之一，第 19 特种部队群的座右铭也是“解放被压迫者”（拉丁语“De oppresso libre”），这也反映了作为该部队主要任务之一的训练和协助外国本土军事力量。

2002 年 11 月 13 日，隶属第 19 特种部队群的下列部队被征召进入现役：

第 19 特种部队群第 1 营 A 连（驻地位于华盛顿州路易斯堡）

第 19 特种部队群第 1 营 B 连、C 连和支援连（驻地位于犹他州）

第 19 特种部队群第 2 营 A 连（驻地位于罗德岛州）

第 19 特种部队群第 2 营 B 连（驻地位于俄亥俄州）

第 19 特种部队群第 2 营 C 连和支援连（驻地位于西弗吉尼亚州克诺瓦）

第 19 特种部队群第 5 营 A 连、B 连、C 连和支援连（驻地位于科罗拉多州）

2007 年 4 月，第 19 特种部队群第 5 营和第 2 营的部分部队接受征召，参加“伊拉克自由”行动。分别是：

第 19 特种部队群第 5 营 A 连（加利福尼亚州国民警卫队）

第 19 特种部队群第 5 营 B 连（科罗拉多州国民警卫队）

第 19 特种部队群第 2 营营部和支援连

该部结束部署，返回美国时，除少数人员轻伤之外，无一牺牲。

2008 年 9 月，第 19 特种部队群的下列部队被征召加入现役，参加“持久自由”行动 13（Operation Enduring Freedom XIII）。

第 19 特种部队群第 2 营 A 连（驻地位于罗德岛州）

第 19 特种部队群第 2 营 B 连（驻地位于俄亥俄州）

第 19 特种部队群第 2 营 C 连（驻地位于西弗吉尼亚州道森营军营）

第 19 特种部队群第 2 营营部和营部连以及支援连（驻地位于西弗吉尼亚州克诺瓦）

在一次战斗搜索和救援（Combat Search and Rescue，简称 CSAR）演习中，隶属第 19 特种部队群的绿色贝雷帽队员们从一架美国空军的 HH-60G 直升机上快速绳降滑下。HH-60G 直升机是 UH-60“黑鹰”直升机的改进型，和第 160 特种作战航空团驾驶的 MH-60K/L“黑鹰”相似，经常跟空军特种作战司令部空降救援队一起训练，用于救援被击落的飞行员和陷入困境的特种部队士兵。

在执行战斗搜索和救援任务之前，来自犹他州国民警卫队、隶属第 19 特种部队群的绿色贝雷帽队员正在检查任务装备。

第 19 特种部队群的作战区域涵盖广泛，但主要负责地区是东南亚。其下属部队分布在美国本土的八个州：犹他州、华盛顿州、西弗吉尼亚州、俄亥俄州、罗得岛州、科罗拉多州、加利福尼亚州和得克萨斯州。总部和总部连、支援连以及第 1 营位于犹他州。它们均是所在州陆军国民警卫队的一部分。第 190 化学分遣队（侦察）（190th Chemical Detachment (Reconnaissance)）和隶属美国空军的第 181 气象中队（181st Weather Flight）也为该群提供支援。

第 19 特种部队群肩负双重使命：一是联邦使命，即向指定的司令部提供训练有素的士兵和部队，执行特种作战任务，以支持联邦动员；另外一个是州使命，即在遇到自然或人为灾难事件时为各州和地方机构提供支援。因此，第 19 特种部队群的关注重点就是增强能力和做好准备。为了保持成员的战斗力，该部通常利用预备役训练（Inactive Duty Training，简称 IDT）或周末演练开展个人训练。小组、分队及连级规模的训练则主要是通过年度训练开展。部队群指挥官则利用参谋长联席会议（Joint Chief of Staff，简称 JCS）主导下的联合合成交流训练（Joint Combined Exchange Training，简称 JCET）项目、战斗训练中心（Combat Training Center），以及犹他州国民警卫队演习等，对特种部队群士兵展开全面的技能训练。

1990 年 11 月，美国国防部制定预算指导，决定撤销 3 支陆军国民警卫队特种部队营和 3 支陆军预备役特种部队营。在等待司令部提交的联合任务分析的过程中，国防部决定取消撤销陆军预备役特种部队营的计划。国防部 1993 年拨款法案（Appropriations Act）的与会者在他们的报告中提出，希望陆军特种作战司令部在 1993 财政年度维持现有的陆军国民警卫队特种部队，不要采取任何通过扩大现役特种部队以取代国民警卫队特种部队的计划或行动。与会者还进一步指出，在1992财政年度国防拨款法案中，美国国会已经限制了任何将国民警卫队的任务转变为现役部队任务的做法。但随后出台的司令部联合任务分析中指出，有必要将隶属第11特种部队群（隶属于陆军预备役）和第19特种部队群（隶属于犹他州国民警卫队）的6个营撤销。最终的结果是，在1995年9月15日，陆军预备役下辖的2支特种部队群——第11和第12特种部队群被遣散，而国民警卫队下辖的2支特种部队群则得到保留。

1999年，作为预备役训练（IDT）期间的一项试验，第19特种部队群总部和总部连及支援连组成了特种部队行动基地（Special Forces Operational Base）。这次预备役训练极为严格，旨在对部队技能进行强化训练，这也是参谋长联席会议（JCS）主导的“乙支焦点透镜”（Exercise Ulchi Focus Lens）演习的一部分。训练最终在华盛顿州路易斯堡圆满完成。为了展示他们为预备役士兵进行协作培训的能力，在路易斯堡的训练行动中，由58名现役和预备役特种部队士兵组成的分队特地开设了固定拉绳跳伞专家课程（Static Line Jump master Course）。

1999年4月10日至24日期间，第19特种部队群支援连的跳伞保障人员为在意大利阿维亚诺进行的载货降落伞行动提供了支援。1999年7月15日至18日期间，他们又为

在战斗搜索和救援演习中，一名隶属第19特种部队群的绿色贝雷帽队员为美国空军的HH-60G“铺路鹰”直升机着陆提供安全警戒。

在战斗搜索和救援演习中，一名来自犹他州国民警卫队、隶属第 19 特种部队群的绿色贝雷帽队员为队友提供安全警戒。

RIARNG 国际跳伞大赛（RIARNG International Parachute Competition）提供了超过 500 具降落伞和若干名跳伞保障人员。1999 年 8 月 1 日至 9 日期间，第 19 特种部队群的医护人员为受飓风“米奇”影响的受灾民众提供了医疗援助和救济。此外，该部队群成员还向名为“一个都不少”（Full Accounting）的旨在搜救在越南战争中失踪的人员（Missing In Action ，简称 MIA) 的联合特遣队提供了医疗支援。

2001 年下半年，美国特种作战司令部派出了包括第 19 特种部队群成员在内的的 50 名成员前往蒙古。在那里，他们与蒙古民事防御部队（Mongolian Civil Defense Forces）开展了联合合成交流训练（JCET）。在两周的时间里，他们共进行了包括灾害应急援助、医疗交叉训练，以及动物救援空投在内的多项训练。训练的最后阶段，参训人员在蒙古首都乌兰巴托从“战斗爪 II”型特种作战飞机上进行了跳伞演练，标志着训练的成功完成。

2001 年 12 月初，几十名犹他州国民警卫队成员接到征召命令，前往中东。第 19 特种部队群的 50 多名队员位列其中。在一周之内，所有征召人员就抵达肯塔基州诺克斯堡，并从那里被部署到中东的一处秘密地点。

第 19 特种部队群（空降）第 1 营

2007 年 5 月 3 日，在桑迪犹他州测试和训练场（Utah Test and Training Range）进行的战斗搜救演习中，的来自犹他州国民警卫队第 19 特种部队群的绿色贝雷帽队员们正在等待登上空军的 HH-60“铺路鹰”直升机。除了第 19 特种部队群，犹他州第 211 航空群（装备 AH-64“阿帕奇”直升机）和第 4 战斗机中队（装备 F-16“战隼”战斗机）也参加了这次演习，目的是提升参演部队的专业技能和协作水平。

1999 年，第 19 特种部队群第 1 营的分遣队在美国本土的犹他州、加利福尼亚州、蒙大拿州、内华达州，以及美国本土之外的泰国、韩国、汤加、马尔代夫等国开展了广泛的训练。队员们针对任务前规划、任务部署、任务执行、重新部署和任务完成后的遣散等完整流程进行了技能训练。他们还获得了参加“全球爱国者演习”（Exercise Global Patriot）的机会，这也成为该年训练的一个亮点。“全球爱国者演习”是一项旨在检验陆、海、空三军为了达成军事行动目标而实施协同作战的战斗、战斗勤务和战斗勤务支援能力的独特训练。第 19 特种部队群派出的分遣队成功策划并实施了多次特种侦察和末端引导（terminal guidance）行动，为地面战斗力量和空中打击提供精确指导，并进行战斗损伤评估。这次训练为第 19 特种部队群提供了一个对于国民警卫队部队来说不可多得的机会，使他们能够针对一些关键的战场技能进行强化训练。这进一步提升了他们的技能熟练度，也使得第 19 特种部队群处在了现代战争技术和能力的前沿位置。

2001 年 6 月，共有 20 名学员参加了由隶属华盛顿州国民警卫队的第 19 特种部队群（空降）第 1 营的“绿色贝雷帽”队员开展的登山训练。在位于亚利桑那州通托国家森林公园的山丘上，来自华盛顿州和犹他州的特种部队成员对参训学员进行了初级和中级军事登山训练。训练第一天，学员们在图森市附近的柯立芝降落区（Coolidge Drop Zone）跳伞着陆。他们由室内攀岩开始练起，等到熟练程度达到一定水平之后，就转移到附近的山上进行实地训练。其他训练内容还包括高级绳索技能训练、山地环境行军，以及借助夜视镜（Night Vision Goggles，简称 NVGs）的夜间攀爬。在这些学员当中，只有少数一些曾服役于现役特种部队的山地分遣队，大部分学员只是在游骑兵学校、竞技攀登，或者普通高山攀岩中简单学习过这些技能。对于教官来说，最大的挑战莫过于将每个学生使用的技巧标准化，达到统一的部队标准，并向他们展示特种部队分遣队如何在战术环境中运用这些技巧。

2002 年 6 月，第 19 特种部队群（空降）第 2 营 B 连被部署到科威特，以支援美国中央司令部的“沙漠春天”行动。在多哈营地接替第 19 特种部队群（空降）第 2 营 A 连之后，特种部队作战分遣队 B950 承担起了运营“高级行动基地”（Advanced Operational Base）的任务。该基地隶属于盟军地面部队司令部（Coalition Forces Land Component Command）下属的特种作战指挥和控制小组（Special Operations Command and Control Element）。在参加“伊拉克自由”行动的部队组建完毕之前，陆军特种部队下属的 5 支 A 作战分遣队就已经开始

2004 年，阿富汗，悍马车上的一名隶属第 19 特种部队群第 1 营的绿色贝雷帽士兵和他的 M60 型 7.62 毫米口径通用机枪。他的右手是一支 M136 型火箭发射器。

实施外国内部防御、联络和指挥单元和单边训练等任务。2002 年 10 月，第 19 特种部队群（空降）第 1 营 A 连接替 B950 分遣队，随后为从科威特北上巴格达的联军部队担任“领路者”，为“伊拉克自由”行动提供支援。

第 19 特种部队群（空降）第 2 营

第 19 特种部队群（空降）第 2 营包括 3 个特种部队连、一个营部和营部分遣队和一个支援连。该营营部位于西弗吉尼亚州克诺瓦，下属部队则分布在 3 个州。其中 C 连和支援连也位于西弗吉尼亚州，分别在金伍德和克诺瓦。克诺瓦约驻有 200 名队员，另外还有 100 名队员驻在普雷斯顿郡。队员们都接受了各种非常规作战训练，如特种侦察、渗透 / 撤离等。他们经常会作为补充力量对其他常规和非常规部队进行支援，并保持随时待命状态。

除了西弗吉尼亚州，第 2 营的部队还分布在俄亥俄州和罗德岛州。其中，A 连位于罗得岛州米地勒镇，是罗得岛州陆军国民警卫队的一部分；B 连位于俄亥俄州哥伦布市，是俄亥俄州陆军国民警卫队的一部分。

▲ 2011 年 5 月 12 日，印第安纳州阿特伯里军营联合演习训练中心（Joint Maneuver Training Center），来自第 19 特种部队群第 2 营的绿色贝雷帽队员正使用指南针辨别方向。在陆地导航训练中，尽管 GPS（全球卫星定位系统）已经广泛被采用，但是指南针仍然是不可缺少的工具。

▲ 在一次巡逻演习中，一名隶属第 19 特种部队群第 2 营的绿色贝雷帽队员正在进行警戒。巡逻是绿色贝雷帽队员必须掌握的基本步兵技能之一。

1995 年 5 月，为了支援在海地进行的维和行动，第 19 特种部队群（空降）第 2 营接到命令，部署到海地，为先期抵达的第 3 特种部队群（空降）第 3 营提供支援。第 19 特种部队群第 2 营 B 连下属的 6 支 A 作战分遣队首先开赴北卡罗来纳州布拉格堡，随后前往海地。

在波斯尼亚和科索沃，第 10 特种部队群向北约联军派出了非常规作战分遣队，为其提供行动建议，并为"猎鹰"特遣队（Task Force Falcon）和"鹰"特遣队（Task Force Eagle）提供联络指挥。在当地种族冲突平息之后，第 10 特种部队群又联手北约常规部队，共同为维持和平、促进和解和支援战后重建做出努力。2000 年至 2002 年期间，第 19 特种部队群第 2 营 A 连、B 连、C 连以及第 1 分遣队（Det 1）的 A 作战分遣队被部署到了科索沃。在那里，他们为第 10 特种部队群第 2 营和第 3 营提供支援，为当地的和平重建贡献了宝贵的经验和帮助。2002 年 12 月，第 19 特种部队群第 2 营 B 连在邦德斯蒂尔军营（Camp Bondsteel）担任特种作战指挥和控制小组（Special Operations Command and Control Element）的职责。他们的任务后来被第 19 特种部队群第 2 营 A 连接替。

2001 年 11 月下旬，第 19 特种部队群第 2 营接到命令，将被部署参加为期近一年的"持久自由"行动。最终的目的地没有透露。随后，大约 300 名第 2 营成员接到了正式命令。该营首先开赴位于美国国内的另一处驻地，整装待发之后便踏上前往支援反恐战争的征途。他们在中亚的乌兹别克斯坦建立了一个前沿行动基地（Forward Operating Base），以支援即将在阿富汗开始的作战行动。

2005 年 10 月，第 19 特种部队群（空降）第 2 营接到命令，前往科罗拉多州和怀俄明州，与第 10 特种部队群展开任务前的适应训练（pre-mission training）。2006 年 1 月，第 19 特种部队群（空降）第 2 营前往伊拉克参加“伊拉克自由”行动，为隶属阿拉伯半岛联合特种作战特遣队（Combined Joint Special Operations Task Force – Arabian Peninsula）的“102 前沿行动基地”（Forward Operating Base 102）提供援助。在接下来的 7 个月时间里，他们为伊拉克民兵提供协助和建议，并指导他们进行训练。此外，他们还实施了多次突袭行动，成功捕获并扣押了一些恐怖和叛乱分子。

第 19 特种部队群（空降）第 5 营

▲ 2005 年 6 月 4 日，科罗拉多州艾尔伯特，参加落基山耐力挑战赛（Rockies Endurance Challenge）的科罗拉多州陆军国民警卫队中尉马修·阿诺德在布置一颗仿真克莱莫杀伤地雷。落基山耐力挑战赛包括 12 个测试项目，旨在帮助士兵们为正式的特种部队选拔做好准备。阿诺德和他的战友汤姆·尼帕弗中尉获得了本次挑战测赛的第一名，他们都来自第 19 特种部队群第 5 营科罗拉多州陆军国民警卫队快反加强连。

▲ 在德克萨斯州进行的一次公共展示中，来自第 19 特种部队群第 5 营的绿色贝雷帽队员们从一架 UH-60 “黑鹰”直升机上快速绳降着陆后，迅速对目标发起攻击。

第 19 特种部队群（空降）第 5 营驻地位于丹佛东北部的沃特津斯，是科罗拉多州陆军国民警卫队的一部分。部队成员超过 400 多人，曾在世界范围内执行过外国内部防御、非常规作战、特种侦察、直接行动及反恐行动等特种任务。

截至 2010 年，该营下辖一个营部和营部分遣队、三个特种部队连（A、B、C 连）和一个营支援连（D 连）。其中，B 连和 D 连位于科罗拉多州，是科罗拉多州陆军国民警卫队的一部分；A 连位于加利福尼亚州洛斯阿拉米托斯市，是加利福尼亚州陆军国民警卫队的一部分；C 连位于德克萨斯州，是德克萨斯州陆军国民警卫队的一部分。

2001 年 12 月初，驻科罗拉多州第 19 特种部队群第 5 营 B 连接到命令，派遣该连下属的 100 名成员到肯塔基州诺克斯堡报到，由第 19 特种部队群总部领导，接受任务派遣。C 连先前隶属于科罗拉多州陆军国民警卫队，驻地位于科罗拉多州柯林斯堡。2008 年 3 月，C 连在德克萨斯州奥斯汀市重新启动，成为德克萨斯州陆军国民警卫队的一部分。它同时也受驻地位于科罗拉多州丹佛市市郊的第 19 特种部队群（空降）第 5 营的节制。

▶ 2008 年 6 月 16 日，格雷灵军营，来自俄亥俄州国民警卫队、隶属第 19 特种部队群的绿色贝雷帽队员列队准备突入房间。他们枪上配备的是激光集体战斗高级训练系统（Laser Collective Combat Advanced Training System，简称 LCCATS）。

◀ 格雷灵军营，来自俄亥俄州国民警卫队、隶属第 19 特种部队群的一名绿色贝雷帽队员使用手势指挥队友。

▲ 2008 年 9 月 16 日，在与斯洛文尼亚陆军特种部队进行的联合 / 合成交叉训练（JCET）演习中，来自第 19 特种部队群第 5 营的绿色贝雷帽队员在进行爆破入门演示。

第 20 特种部队群

第 20 特种部队群（空降）是美国陆军特种部队下辖的的两支陆军国民警卫队特种部队群之一。它的司令部设在阿拉巴马州伯明翰市，在编制上也隶属于阿拉巴马州陆军国民警卫队。此外，作为美国南方司令部（United States Southern Command）的组成部分，其责任区域涵盖 32 个国家，包括墨西哥以南的拉丁美洲、加勒比海地区、墨西哥湾和西南大西洋区域。该责任区域同时也是驻地位于埃格林空军基地的第 7 特种部队群的责任区域。

第 20 特种部队群下辖 3 个营、4 个分遣队、1 个总部和总部连和 1 个支援连，其下属的营分别是阿拉巴马州的第 1 营、密西西比州的第 2 营和佛罗里达州的第 3 营；其下属的分遣队分别位于北卡罗莱纳州的罗阿诺克拉皮兹市、伊利诺伊州的芝加哥市、马里兰州的格伦市和马萨诸塞州的奇科皮市；支援连则位于肯塔基州路易斯维尔市。第 20 特种部队群每营下辖 3 个特种部队连（Special Forces company），总计 9 个特种部队连，每连下辖 6 个 A 作战分遣队。全球反恐战争开始之后，第 20 特种部队群就积极参与了在伊拉克和阿富汗的任务部署。

▲ 2011 年 6 月 25 日，在华盛顿法国大使官邸举行的一个庆典仪式上，多名来自第 10 特种部队群和第 20 特种部队群的绿色贝雷帽队员被授予“法国十字英勇勋章”（French Croix de la Valeur Militaire）。该勋章相当于美军的“银星勋章”。

第 20 特种部队群（空降）第 1 营

第 20 特种部队群（空降）第 1 营司令部位于阿拉巴马州亨茨维尔市。其下属部队除了 C 连驻地位于马萨诸塞州的斯普林菲尔德市外，其余各连均分布在阿拉巴马州的其他城市。相应的，在阿拉巴马州境内的部队隶属于阿拉巴马州国民警卫队，驻在马萨诸塞州境内的 C 连则是马萨诸塞州陆军国民警卫队的组成部分。

▲ 几名演练爆破入门战术的绿色贝雷帽队员正迅速向模拟房屋靠近，他们隶属于第 20 特种部队群。

▲ 刚刚进行完房间清除行动演练的第 20 特种部队群士兵正在清理他的 M9 手枪。

第 20 特种部队群（空降）第 2 营

第 20 特种部队群（空降）第 2 营的任务是在美国南方司令部司令官的指挥下，为实施特种作战行动制定计划并做好准备。其任务涵盖特种侦察、直接行动、外国内部防御、非常规作战以及其它各类特殊任务。

第 20 特种部队群（空降）第 2 营 A 连下辖 6 支 A 作战分遣队和一支 B 作战分遣队。第 20 特种部队群司令部位于阿拉巴马州，第 2 营的营部位于密西西比州，A 连则位于伊利诺伊州，并隶属于伊利诺伊州陆军国民警卫队第 404 化学旅（404th Chemical Brigade）。A 连的历史可以追溯到 1994 年 7 月 24 日成立的第 20 特种部队群第 2 营 D 连（临时）。最初是由隶属于美国陆军预备役的第 12 特种部队群（12th Special Forces Group）的单位组成。成立之初，该连隶属于伊利诺伊州陆军国民警卫队第 33 地区支援群（33rd Area Support Group）。

2000 年 9 月 6 日至 9 月 20 日，第 20 特种部队群（空降）第 2 营参加了“卡瓦尼亚斯 2000”演习。“卡瓦尼亚斯 2000”是一项由美国南方司令部主导的多国维和演习，为期 15 天。参加演习的人员来自阿根廷、玻利维亚、智利、厄瓜多尔、巴拉圭、秘鲁、乌拉圭和美国等国的民间及军方组织。在演习的最后阶段，为了使参加演习的组织和人员能够胜任 33 项经联合国批准的维和行动，并为此做好准备，训练24小时进行，持续4天。来自联合训练小队（Coalition Training Team）的美国特种部队成员、阿根廷长期维和项目的联合国评估人员，以及来自国际红十字会、美国国会反饥饿中心、“健康伙伴”组织的大众代表，对该项训练进行了评估。演习的背景设置在一个虚拟的伊斯兰国家，苏丹伊斯兰共和派和苏丹自由联邦派把该国分裂成两个地区，战火纷飞。1000多名维和人员在联合国的派遣下介入。参演人员将面临着联合国评估人员和特种部队教官设置的各种情景和意外事件的考验。第20特种部队群（空降）第2营、第7特种部队群（空降）、密西西比州国民警卫队以及阿根廷特种部队共同参加了此次演练。

▲ 在“卡瓦尼亚斯2000”演习中，一名来自第20特种部队群第1营的绿色贝雷帽队员使用M4A1卡宾枪进行瞄准射击。

来自第 20 特种部队群的绿色贝雷帽队员采用卧姿进行掩护射击。

第 20 特种部队群（空降）第 3 营

第 20 特种部队群第 3 营下辖 A、B、C 三支特种部队连、一支营部和营部分遣队以及一支营支援连，总人数约 400 人。

其中，第 20 特种部队群（空降）第 3 营营部和营部分遣队，以及隶属该营的支援连，驻扎于佛罗里达州斯塔克市的布兰丁军营。营部和营部分遣队位于波斯特总部大楼，支援连则毗邻波斯特机场。

第 20 特种部队群（空降）第 3 营 A 连驻地位于佛罗里达州的奥卡拉市，该连由 6 支“阿尔法”作战分遣队（ODA）和一支“布拉沃”作战分遣队（ODB）组成。每个分遣队都有一个专门的特长，如水肺潜水（SCUBA）、高跳低开（HALO）或登山，均曾参与过直接行动和特种侦察等战斗任务。各分遣队都按区域被指派到世界上某个特定地区。所有分遣队的成员都完成了特种部队的评估与选拔课程、特种部队资格课程以及基础语言课程。

C 连的特殊性在于它分布在两个位置：其大部分兵力驻扎在佛罗里达州南部劳德代尔堡的国民警卫队军械库，第 1 分遣队位于佛罗里达州中西部布鲁克斯维尔市（临近坦帕）的国

▲ *在一次海上训练中，来自第 20 特种部队群的绿色贝雷帽队员从一架 UH-60“黑鹰”直升机的侧门跳入水中。*

民警卫队军械库。这两个分队都配属有 A 作战分遣队（ODA），并由一个 B 作战分遣队（ODB）统一支援。

第 20 特种部队群（空降）第 3 营拥有一批经验丰富的队员，大多数人有着超过十年的特种部队服役经验。其成员来自各行各业，职业分布十分广泛，包括医护人员、警察、联邦特工、消防员、律师、建筑承包商、潜水教练、教师、语言辅导员、安全顾问、业务经理、理疗师、医师助理和工程师等。这些工作所需的各种技能与特种部队的专业技能相融合，使他们变得更加高效而出色。这些丰富的经验也进一步加强了特种部队开展非常规任务的能力。

陆军国民警卫队特种部队对其成员有着很高的要求。部队成员必须精通各自的军事专业技能（MOS），以及完成其他重要行动所需的任务职责和专业技能。除此之外，他们还必须能够把这些技能传授给一起行动的其他人员。除了行动、情报、通信、医疗救护、工程和武器等一些个人技能之外，特种部队士兵还要学习如何对东道国的军事和准军事部队进行训练、提供咨询及援助。因此，这些特种部队士兵既是具备高度技能的特战队员，又是优秀的教官和老师。因为特种部队士兵都是以区域为导向进行训练的，所以他们接受的也是自己所在的部队群责任区域内的语言及文化的专门训练。尽管训练时间远远少于现役特种部队，但训练标准却和现役队员一样。为此，队员们不得不在平时工作之余抽出时间去参加强制要求的学校课程，其中一些课程可能会持续近一年。此外，还应考虑到部署安排。国民警卫队特种部队和国民警卫队常规部队“每月一个周末，一年两个星期”的部署方式不同，其队员每月的演练时间及每年的部署时间几乎是常规国民警卫队的两倍。

除了作战任务，国民警卫队特种部队还定期在各自所属州按照州长命令展开行动，尤其当州内发生飓风、龙卷风、野火、暴动、内乱等紧急情况时。

1992年8月，安德鲁飓风袭击南佛罗里达州，导致了美国历史上最严重的自然灾害之一。这次灾难也带给人们许多经验教训。飓风过后，佛罗里达州提出了“快速影响评估小组”（Rapid Impact Assessment Team，简称RIAT）的概念。快速影响评估小组的任务是在重大灾难过后，迅速动员并部署到灾区，与当地负责官员一起，确定受灾人群对于食物、水、住房、医疗、安全设备等的需求量，评估水电、通讯、交通、医疗设施、急救服务等基础设施的损坏情况，并将这些信息进行报告。

作为佛罗里达州应急管理部门的一项职能，RIAT任务的顺利实施得益于佛罗里达州国民警卫队队员的快速部署。第20特种部队群（空降）第3营的特种部队士兵组成了实际上的“快

▲ 2014年4月30日，密西西比州格尔夫波特，参加“绿宝石勇士2014”演习的第20特种部队群的绿色贝雷帽队员正准备从一架UH-60“黑鹰”直升机上快速绳降滑下。

▲ UH-60“黑鹰”直升机上的绿色贝雷帽队员

速影响评估小组”。每位小组成员都接受过专门的培训，他们能够成功地与当地官员一起执行“快速影响评估小组”的任务。特种部队人员能够迅速利用飞机或其他交通方式进行部署，这种能力正是他们能够完成“快速影响评估小组”任务的关键。在执行任务期间，特种部队的队员们借助高频及卫星通信设备建立并保持沟通，这也使得队员们能够将灾难或紧急现场的地面情况进行快速“实时”报告。

借助这种方式，国家应急管理人员能够在避免资源浪费的情况下，快速完成所需援助的部署。“快速影响评估小组”是一个有效利用特种部队能力的完美例子。通过“快速影响评估小组”项目，佛罗里达州政府、佛罗里达州国民警卫队，以及第 20 特种部队群（空降）第 3 营将灾难应急标准提升到了新的高度。

1991 年 2 月 1 日，阿拉巴马州陆军国民警卫队第 20 特种部队群（空降）（下辖来自阿拉巴马州、密西西比州和佛罗里达州的 3 个特种部队营）接到通知，于 1991 年 2 月 20 日加入联邦现役部队，参加“沙漠风暴”行动。第 20 特种部队群在北卡罗来纳州布拉格堡完成了部队动员和训练，成为美国历史上第一支进行动员的国民警卫队特种部队群。

“沙漠风暴”行动期间，对于部队动员前的培训认证和确认，预备役部队在大多数情况下并没有公开发布或可以遵循的标准来参照执行。而且，在大多数情况下，对于部队动员后的培训认证和确认，预备役部队也没有可供参考执行的已公开发布或可以遵循的标准。但美国陆军特种部队司令部（US Army Special Forces Command ，简称 USASFC）却是个例外，它发布了针对所有特种部队单位（包括陆军预备役、陆军国民警卫队以及陆军现役部队）的培训认证和确认标准。在为“沙漠风暴”行动动员预备役部队期间，美国陆军特种部队司令部（USASFC）的参谋人员按照 USASFC 指挥官的命令，对所有特种部队均采取了统一的标准，不论其属于现役部队还是预备役部队。由于应用了统一的标准，来自阿拉巴马州陆军国民警卫队第 20 特种部队群的士兵们打破了美国陆军特种部队司令部（USASFC）的“高强度训练周期”的纪录。由阿拉巴马州、佛罗里达州、马里兰州、密西西比州和肯塔基州国民警卫队队员组成的第 20 特种部队群只用了一半的时间，就完成了原定 90 天的认证计划。

▲ 2014 年 4 月 30 日，密西西比州格尔夫波特，参加“绿宝石勇士 2014”演习的第 20 特种部队群的绿色贝雷帽队员从一架 CH-47“支奴干”直升机的尾舱门处跳入水中。直升机跳水是小规模部队向敌区渗透时经常用到的战斗技能。

▲ 2014 年 5 月 5 日，密西西比州格尔夫波特，参加“绿宝石勇士 2014”演习的第 20 特种部队群的绿色贝雷帽队员在停机坪上行走。

和常规部队不同，特种部队是为了实现军事、政治、经济或心理等方面的特定目标而组建的特殊任务部队。为了完成任务，他们进行了专门的组织和训练，配发了专用武器装备，可以使用各种非常规手段。无论是和平时期还是战争时期，特种部队都积极配合各战区战斗司令部的行动，为实现国家安全目标而努力，并成为战区司令官日常战略中必不可少的组成部分。根据特种部队战斗条令，陆军特种部队主要负责五项任务：外国内部防御（Foreign Internal Defense）、非常规作战（Unconventional Warfare）、特种侦察（Special Reconnaissance）、直接行动（Direct Action）以及反恐行动（Counter-Terrorism）。陆军特种部队的任务部署贯穿于和平时期、冲突时期和战争时期等三个阶段，这也造就了其在美军中独一无二的地位和作用。

附录一：美国陆军军衔列表

国防部级别	佩章	军衔	英文缩写	北约代码
O-11		五星上将	GA	OF-10
O-10		上将	GEN	OF-9
O-9		中将	LTG	OF-8
O-8		少将	MG	OF-7
O-7		准将	BG	OF-6
O-6		上校	COL	OF-5
O-5		中校	LTC	OF-4
O-4		少校	MAJ	OF-3
O-3		上尉	CPT	OF-2
O-2		中尉	1LT	OF-1
O-1		少尉	2LT	OF-1
W-5		五级准尉	CW5	WO-5
W-4		四级准尉	CW4	WO-4

W-3		三级准尉	CW3	WO-3
W-2		二级准尉	CW2	WO-2
W-1		一级准尉	WO1	WO-1
E-9		陆军总军士长	SMA	OR-9
E-9		指挥军士长	CSM	OR-9
E-9		主任军士长	SGM	OR-9
E-8		第一军士长	1SG	OR-8
E-8		军士长	MSG	OR-8
E-7		一等军士	SFC	OR-7
E-6		上士	SSG	OR-6
E-5		中士	SGT	OR-5
E-4		下士	CPL	OR-4
E-4		专业军士	SPC	OR-4
E-3		一等兵	PFC	OR-3
E-2		二等兵	PV2	OR-2
E-1		新兵	PVT	OR-1

附录二：相关军语

Army Special Forces
陆军特种部队

160th Special Operations Aviation Regiment（SOAR）
第 160 特种作战航空团

Special Tactics Squadron（STS）
特殊战术中队

Army Special Operations Command(ASOC)
陆军特种作战司令部

Air Force Special Operations Command（AFSOC）
空军特种作战司令部

Joint Special Operations Command（JSOC）
联合特种作战司令部

Special Operations Command, Africa（SOCAFRICA）
非洲特种作战司令部

Special Operations Command, Central（SOCCENT)
中央特种作战司令部

Special Operations Command, Europe（SOCEUR）
欧洲特种作战司令部

John F. Kennedy Special Warfare Center and School
约翰·肯尼迪特种作战中心和学校

Combined Joint Special Operations Task Force
联合特种作战特遣队

Special Force Group（SFG）
特种部队群

Special Forces Operational Detachment（SFOD）
特种部队作战分遣队

Area of Resposibility(AOR)
责任区域

Area of Operation(AO)
行动区域

Forward Operating Base（FOB）
前沿行动基地

Advanced Operating Base（AOB）
高级行动基地

Psychological Operations（PSYOP）
心理战

High Altitude Low Opening（HALO）
高跳低开

High Altitude High Opening（HAHO）
高跳高开

Special Forces Officer
特种部队军官

Special Forces Warrant Officer
特种部队准尉

Special Forces Weapon Sergeant
特种部队武器军士

Special Forces Engineer Sergeant
特种部队工程军士

Special Forces Medical Sergeant
特种部队医疗军士

Special Forces Communications Sergeant
特种部队通信军士

Special Forces Intelligence Sergeant
特种部队情报军士

Special Forces Operations Sergeant
特种部队作战军士

Special Force Preparation and Conditioning（SFPC）
特种部队预备和训练

Special Forces Assessment and Selection（SFAS）
特种部队评估和选拔

Special Forces Qualification Course（SFQC）
特种部队资格课程

Joint Combined Exchange Training Field Training Exercise（JCETFTX）
联合交流训练实战演习

内 容 提 要

美国陆军特种部队是美国陆军特种作战司令部下属的一支精锐特种部队，也是美国特种作战界的中坚力量之一。由于部队成员都佩戴标志性的绿色贝雷帽，该部队也被称作“绿色贝雷帽部队”。

本书以图文并茂的形式，全面而深入地介绍了绿色贝雷帽部队的历史、概况、现状和经典战例，对于有志于了解该部队的读者来说，是不可多得的珍贵资料。

本书可供青少年、部队官兵和特种部队爱好者阅读。

图书在版编目（C I P）数据

绿色贝雷帽 / 方戟编著. -- 北京：航空工业出版社，2015.10
（飞鹰军事百科）
ISBN 978-7-5165-0891-6

Ⅰ. ①绿… Ⅱ. ①方… Ⅲ. ①特种部队—美国—普及读物 Ⅳ. ①E712. 56-49

中国版本图书馆 CIP 数据核字 (2015) 第 233826 号

绿色贝雷帽
Lv Se Bei Lei Mao

航空工业出版社出版发行
（北京市朝阳区北苑 2 号院 100012）
发行部电话：010-84936597 010-84936343

北京世汉凌云印刷有限公司印刷　　全国各地新华书店经售
2015 年 10 月第 1 版　　2015 年 10 月第 1 次印刷
开本：787 × 1092 1/16　　印张：17.5　　字数：286 千字
印数：1—4000　　定价：46.00 元